MountainBikeGuide

Nauders Reschenpass

Esterbauer

bikeline®- MountainBikeGuide Nauders-Reschenpass

A-3751 Rodingersdorf, Hauptstr. 31
Tel.: +43/2983/28982-0
Fax: +43/2983/28982-500
E-Mail: bikeline@esterbauer.com
Internet: www.esterbauer.com

1. Auflage, 2005

ISBN 3-85000-168-7

Bitte geben Sie bei jeder Korrespondenz die Auflage und die ISBN an.

Erstellt in Zusammenarbeit mit: S+D, ARGE Bike&Rad Arena Vinschgau, Engadin, TVB Nauders

Unser Dank geht an alle Personen, die uns bei der Erstellung dieses Buches unterstützt haben.
Das *bikeline*-Team: Birgit Albrecht, Beatrix Bauer, Grischa Begaß, Karin Brunner, Anita Daffert, Michaela Derferd, Roland Esterbauer, Maria Galbruner, Jutta Gröschel, Dagmar Güldenpfennig, Carmen Hager, Karl Heinzel, Veronika Loidolt, Michael Manowarda, Mirijana Nakic, Niki Nowak, J. Andrea Ott, Maria Pfaunz, Anton Pointner, Jenny Reisinger, Petra Riss, Martha Siegl, Gaby Sipöcz, Matthias Thal.
Bildverzeichnis: Tourismusverband Nauders: Cover, 29, 39, 44, 47, 53, 59, 73, 75, 84, 85, 88, 113, 115; Scuol Tourismus AG: 1; Birgit Albrecht: 33, 36, 38, 49, 52, 55, 56, 80, 90, 94, 96, 98, 101, 106, 109, 110; Michael Manowarda: 68, 70.

bikeline

Was ist bikeline?

Wir sind ein junges Team von aktiven Radfahrern und Radfahrerinnen, die 1987 begonnen haben, Radkarten und Radbücher zu produzieren. Heute tun wir dies als Verlag mit großem Erfolg.

Um unsere Bücher immer auf dem letzten Stand zu halten, brauchen wir auch Ihre Hilfe. Schreiben Sie uns, wenn Sie Fehler oder Änderungen entdeckt haben. Oder teilen Sie uns einfach die Erfahrungen und Eindrücke von Ihrer Radtour mit.

Wir freuen uns auf Ihren Brief,

Ihr bikeline-Team

Vorwort

Die im Dreiländereck Österreich, Italien und der Schweiz gelegene Region rund um den Tiroler Ort Nauders bietet eine einzigartige Bergkulisse.

Die drei Mountainbikeregionen Nauders, Reschen und Pfunds warten mit einer unglaublichen Vielfalt an Bike-Touren auf. Suchen Sie die sportliche Herausforderung, dann werden Sie hier sicher auf Ihre Kosten kommen. Aber auch für die geruhsameren Biker eröffnen sich wundervolle Möglichkeiten.

Dieses handliche Ringbuch mit herausnehmbaren Tourenblättern präsentiert präzise Karten im Maßstab 1:35.000, übersichtliche Höhenprofile, verlässliche Wegebeschreibungen und Kurzinfos zum kulturellen und touristischen Angebot – inklusive Übernachtungsadressen der Region.

Kartenlegende *(map legend)*

Die Farbe bezeichnet die Art des Weges:
(The following colour coding is used:)

- Hauptroute (main cycle route)
- Radweg / autofreie Hauptroute (cycle path / main cycle route without motor traffic)
- Ausflug oder Variante (excursion or alternative route)

Strichlierte Linien zeigen den Belag an:
(The surface is indicated by broken lines:)

- asphaltierte Strecke (paved road)
- nicht asphaltierte Strecke (unpaved road)
- single trail

Punktierte Linien weisen auf KFZ-Verkehr hin:
(Routes with vehicular traffic are indicated by dotted lines:)

- Radroute auf mäßig befahrener Straße (cycle route with moderate motor traffic)
- Radroute auf stark befahrener Straße (cycle route with heavy motor traffic)
- stark befahrene Straße (road with heavy motor traffic)

- Wegpunkt (waypoint)
- sehr starke Steigung (very steep gradient, uphill)
- starke Steigung (steep gradient)
- leichte bis mittlere Steigung (light gradient)
- Routenverlauf (cycle route direction)

- Schönern sehenswertes Ortsbild (picturesque town)
- ( ) Einrichtung im Ort vorhanden (facilities available)
- Hotel, Pension; Jugendherberge (hotel, guesthouse; youth hostel)
- Campingplatz; Naturlagerplatz (camping site; simple tent site)
- Tourist-Information; Einkaufsmöglichkeit (tourist information; shopping facilities)
- Gasthaus; Rastplatz; Kiosk (restaurant; resting place, kiosk)
- Freibad; Hallenbad; Brunnen (outdoor swimming pool; indoor swimming pool; spring)
- sehenswerte Gebäude (buildings of interest)
- Mühle andere Sehenswürdigkeit (other place of interest)
- Museum; Theater; Ausgrabungen (museum; theatre; excavation)
- Tierpark; Naturpark (zoo; nature reserve)
- Aussichtspunkt (panoramic view)
- Parkplatz; Parkhaus (parking lot; garage)
- Schiffsanleger, Fähre (boat landing; ferry)
- Werkstatt; Fahrradvermietung (bike workshop; bike rental)
- überdachter ~; abschließbarer Abstellplatz (covered ~; lockable bike stands)

- Kirche; Kapelle; Kloster (church; chapel; monastery)
- Schloss, Burg; Ruine (castle; ruins)
- Turm; Funkanlage (tower; TV/radio tower)
- Kraftwerk; Umspannwerk (power station; transformer)
- Windmühle; Windkraftanlage (windmill; windturbine)
- Wegkreuz; Gipfel (wayside cross; peak)
- Bergwerk (mine)
- Denkmal (monument)
- Sportplatz (sports field)
- Flughafen (airport, airfield)
- Quelle; Kläranlage (natural spring, purification plant)

- Gefahrenstelle; Text beachten (dangerous section; read text carefully)
- Treppen; Engstelle; Tragestrecke (stairs; narrow pass, bottleneck; carry bike)
- X X X Rad fahren verboten (road closed to cyclis

In Ortsplänen: (in city maps:)

- Post; Apotheke (post office; pharmacy)
- Feuerwehr; Krankenhaus (fire-brigade; hospital)

Maßstab 1 : 35.000 1 cm ≙ 350 m 1 km ≙ 2,9 cm

0 1 2 3 4 5 km

- Staatsgrenze (international border)
- Grenzübergang (border checkpoint)
- Landesgrenze (country border)
- Wald (forest)
- Felsen (rock, cliff)
- Vernässung (marshy ground)
- Weingarten (vineyard)
- Friedhof (cemetary)
- Watt (shallows)
- Dünen (dunes)
- Wiesen, Weiden (meadows)
- Damm, Deich (embankment, dyke)
- Staumauer, Buhne (dam, groyne, breakwater)
- Schnellverkehrsstraße (motorway)
- Hauptstraße (main road)
- Nebenstraße (minor road)
- Fahrweg (carriageway)
- Fußweg (footpath)
- Straße in Bau (road under construction)
- Eisenbahn mit Bahnhof (railway with station)
- Schmalspurbahn (narrow gage railway)
- Tunnel; Brücke (tunnel; bridge)

Inhalt

Herzlich Willkommen in der größten Rad- & Bike Arena der Alpen!

Grenzenloses und attraktives Radfahren & Mountainbiken auf mehr als 5000 Tourenkilometern. Für die Familie wie die Experten und das alles durch traumhafte Berglandschaften auf höchstem Niveau!

In den 3-Länder-Rad-&Bike-Arena Regionen des Schweizer Engadin & Val Müstair, des Südtiroler Vinschgau und der Österreichischen Region Nauders am Reschenpass in Tirol finden Radsportler und Mountainbiker traumhafte Rad- & Mountainbike-Reviere aller Schwierigkeitsgrade.

Einzigartige Kulturlandschaften mit herrlichen Sehenswürdigkeiten und fantastischen Erlebnisangeboten mit mehr als 240 speziellen Rad- und Mountainbike-Beherbergungsmöglichkeiten aller Kategorien freuen sich, Ihnen unvergessliche Radurlaubstage zu bieten.

Diese „Radfreundlichen" bzw. „Radspezialisten" Beherbergungsbetriebe in der 3- Länder Rad- & Bike Arena wurden eigens nach einem strengen Anforderungsprofil kategorisiert. Damit wird perfekter Service in dieser mit freundlicher Unterstützung der Europäischen Gemeinschaft geförderten Urlaubsdestination gewährleistet.

Die Radstrecken und Mountainbiketouren aller Schwiergkeitsgrade sind nach einem gemeinsamen System ausgeschildert (grenzüberschreitende Touren haben in allen 3-Länder Rad-& Bike Arena Regionen die gleiche Nummerierung).

Über eine gemeinsame Internetplattform (www.rad-bike-arena.com) können Sie topaktuell ab Frühjahr 2005 alle Infos über die 3-Länder Rad- & Bike Region abrufen.

Wir freuen uns auf Sie, Ihre Familie und Ihre Freunde. Es erwartet Sie ein unvergesslicher, abwechslungsreicher Rad- & Mountainbike-Urlaub im 3-Ländereck: Südtirol / Vinschgau, Schweiz / Engadin & Val Müstair und Tirol/Nauders am Reschenpass.

Die Tourismusverbände der 3-Länder Rad-& Bike Arena

Österreich Italien Italia Austria Interreg III tirol *Unser Land.* INTERREG IIIA

Tourismusverband Vinschgau
Südtirol - Italien, Kapuzinerstr. 10, I-39028 Schlanders,
Tel. +39 0473 737000, Fax +39 0473 737011
info@vinschgau.is.it, www.rad-bike-arena.it; **www.vinschgau.is.it**

Scuol Tourismus AG
CH-7550 Scuol, Tel.: +41 81 861 24 24. Fax: +41 81 861 24 25,
info@scuol.ch / www.rad-bike-arena.ch; **www.nationalparkregion.ch**

EWIV Ferienregion Reschenpass
I-39020 Graun, Tel.: +39 0473 73 70 90, Fax: +39 0473 633 140,
reschen@reschenpass.info, www.rad-bike-arena.it;
www.reschenpass.info
A-6543 Nauders, Tel.: +43 (0) 5473/87 220
Fax.: + 43 (0)5473/87 627, **info@reschenpass.info**;
www.rad-bike-arena.at

Rad- & Sportshops in Nauders:

- Fahrradverleih u. Fahrradwerkstätte Auto Hutter, A-6543 Nauders, Tel.: +43 (0) 5473 87435
- Sportalm Wassermann, A-6543 Nauders Tel.: + 43 (0) 5473 87234
- Intersport Penz, A-6543 Nauders, Tel.: + 43 (0) 5473 87298
- Skistadl Ortler, A-6543 Nauders, Tel.: +43 (0) 5473 87489

Taxi- und Bus- und Bahnunternehmen in/rund um Nauders:

- Taxiunternehmen Schmid Reisen, A-6543 Nauders, Tel.: +43 (0) 5473 87590 od. 87281
- Taxiunternehmen Padöller, A-6543 Nauders, Tel.: + 43 (0) 54 73 87 245
- Busverbindung Nauders Pfunds Landeck u. retour: (Mai -Oktober) Radtransport kostenlos!
- Postbusstelle Landeck: Tel.: + 43 (0) 5442 64422
- Busverbindung in Richtung Schweiz: Nauders Scuol - Nauders: Postamt Scuol: Tel.: +41 (0) 81 864 16 83 oder Postbusstelle Landeck: Tel.: +43 (0) 5442 64422
- Bahn: www.oebb.at oder Info-Tel. +43(0)1/93000-0

Rad- & Sportshops im Vinschgau:

- Acquaterra (neben Sportstadion), I-39021 LATSCH, Tel.: +39/0473/720042, Handy: 336/611336
- Motorrad- und Fahrradfachgeschäft Vent, I-39021 LATSCH, Tel.: +39/0473/623148
- Vill Reinhard, Familienhotel Steinberger, I-39028 SCHLANDERS, Tel.: +39/0473/730314
- Baldi Sport, I-39026 PRAD, Tel.: +39/0473/617071
- Ortler 2 Rad (Fahrräder und Scooter), I-39026 PRAD, Tel.: +39/0473/616495
- Stecher Johann, I-39020 SCHLUDERNS, Tel.: +39/0473/615096
- Sport Tenne, I-39024 MALS, Tel.: +39/0473/830560
- Sport Ziernheld, I-39024 MALS, Tel.: +39/0473/830105
- Sport Tenne, I-39020 ST. VALENTIN, Tel.: +39/0473/634722
- Sport Folie, I-39027 RESCHEN, Tel.: +39/0473/633155
- Sport Winkler, I-39027 RESCHEN, Tel.: +39/0473/633126
- Sport Express, I-39020 TRAFOI,Tel. + 39/0473/611548 od. Handy 335/424840
- Sport Kristiana, I-39024 MALS, Tel.: +39/0473/831435
- Bike-Man, I-39028 Schlanders, Handy: +39/339/7776677
- Telfser Theo/Moto-Bike-Shop, I-39028 Schlanders,, Tel.: +39/0473-730566
- VTD- Radverleih, I-39028 Schlanders, Handy: +39/335-6219900

Taxi- und Busunternehmen im Vinschgau:

- Busunternehmen Martelltalreisen, I-39020 MARTELL, Tel.: +39/0473/744544
- Alois Stecher, I-39028 SCHLANDERS, Tel.: +39/0473/730703
- Vinschger Taxi Dienst „Via Claudia Augusta" Bike-Shuttle, I-39028 SCHLANDERS, Handy: +39/335/6219900
- Karl Wallnöfer, I-39026 PRAD, Tel.: +39/0473/616643 od. Handy +39/335/6628678
- Volgger, I-39029 SULDEN, Tel.: +39/0473/613106 od. Handy +39/335/6006865
- Ernst Angerer, I-39020 TRAFOI, Tel.: +39/0473/611548 od. Handy +39/335/424840
- Hugo Ortler, I-39020 TRAFOI, Tel.: +39/0473/611704 od. Handy +39/335/346877
- Erika Pinggera, I-39020 GOMAGOI, Tel.: +39/0473/611719
- Fliri Hermann Bernhard, I-39020 TAUFERS, Tel.: +39/0473/832206
- Reisebus Flora, I-39024 MALS, Tel.: +39/0473/831171
- Taraboi Armin, I-39024 MALS, Tel.: +39/0473/831106 od. Handy +39/347/7987265
- Fridolin Thanei, I-39024 MALS, Tel.: +39/0473/842647
- Franz Steck, I-39024 MALS, Tel.: +39/0473/831148
- Obervinschgau Reisen - Robert Matzoll, I-39020 GRAUN, Tel.: +39/0473/633494 od. Handy +39/335/6588855
- Elmar Prenner, I-39020 ST. VALENTIN, Tel.: +39/0473/634667, Handy +39/335/5438690
- Fleischmann Raimund, I-39020 GOLDRAIN, Tel.: +39/0473/742537, Handy: +39/340/3174566
- Anton Fuchs, I-39020 MARTELL, Tel.: +39/0473/744524
- Josef Fleischmann, I-39020 Martell, Tel.: +39/0473-744520
- Konrad Gurschler, I-39028 SCHLANDERS, Tel.: +39/0473/621005
- Theiner Alfred, I-39026 PRAD, Tel.: +39/0473/616207
- Glurnser Stadtlbus, I-39020 Glurns, Tel.: +39/0473/830304, Handy: +39/320-3114552
- Irish-Mietwagendienst /Iris Habicher, I-39024 Mals, Handy: +39/333/5657464

Rad- & Sportshops & Taxi- & Busunternehmen im Engadin & Val Müstair:

Gebiet Samnaun:

- Sport Samnaun 3000, CH-7563 Samnaun-Dorf, Tel.: +41 (0) 81 868 57 57
- Sport Hangl, CH-7563 Samnaun-Dorf, Tel.: +41 (0) 81 861 93 30
- Sport Peer, CH-7563 Samnaun Ravaisch, Tel.: +41 (0) 81 868 52 60
- Bus: Postbushalter Manfred Zegg, Samnaun-Dorf
- Taxi Matthias Prinz, Samnaun Ravaisch, Tel.: +41 (0) 81 868 56 27

Gebiet Unterengadin:

- Tandem Velos-Mofas, CH-7550 Scuol, Tel.: +41 (0) 81 864 92 91
- Sport Heinrich, CH-7550 Scuol, Tel.: +41 (0) 81 864 19 56
- Sport Conradin, CH-7550 Scuol, Tel.: +41 (0) 81 864 14 10
- Sport Engiadina Gmbh, CH-7550 Scuol, Tel.: +41 (0) 81 860 37 00
- Sport Champatsch Sent, CH-7554 Sent, Tel.: +41 (0) 81 864 13 10
- Jon Sport, CH-7551 Ftan, Tel.: +41 (0) 81 864 18 19
- BIXS Bike Shop, CH-7550 Scuol. Tel.: +41 81 861 14 19

Bus- und Bahnunternehmen:

- Agentura Scuol, CH-7550 Scuol, Tel.: +41 (0) 81 864 16 83
- Allegra Engiadina, Car-Reisen, CH-7554 Sent, Tel.: +41 (0) 81 866 31 05
- Guler Viadis, CH-7554 Sent, Tel.: +41 (0) 81 864 94 43
- Rhätische Bahn, CH-7550 Scuol, Tel.: +41 (0) 081 864 11 81
- Taxi Pfister, CH-7550 Scuol, Tel.: +41(0) 81 864 11 11
- Taxi Max, CH-7550 Scuol, Tel.: +41 (0) 81 864 05 05
- Taxi ABA, CH-7550 Scuol, Tel.: +41(0) 81 864 80 80
- Taxi Soèr, CH-7554 Sent, Tel.: +41 (0) 79 642 32 42

Gebiet Val Müstair:

Rad- und Sportshops, Taxi- und Busunternehmen

- Grond Sport, Tel.: +41 (0) 81 858 55 59
- Livio Tschenett, Tel.: +41 (0) 81 858 59 63
- Allegra-Bike Hotel Stelvio, Tel.: +41 (0) 81 858 53 58
- Bike-Vermietung Landolt, Tel.: +41 (0) 81 858 54 85
- Sport Muglin, Tel.: +41 (0) 81 851 60 26
- Postautounternehmen Pfeiffer, Tel.: +41 (0) 81 858 54 84

Gebiet Plaiv:

Taxi:

- Taxi Ramponi, CH-7522 La Punt, Tel.: +41 (0) 81 854 39 44
- Taxi Schorta, CH-7530 Zernez, Tel.: +41 (0)81 856 11 25

Sportshops:

- Colani Sport, CH-7522 La Punt, Tel.: +41 (0)81 854 33 44
- Velo Kesch, CH-7522 La Punt, Tel.: +41 (0)81 854 10 19
- Willy Sport, CH-7524 Zuoz, Tel.: +41 (0)81 854 12 89
- Sarsura Sport SA, CH-7530 Zernez, Tel.: +41 (0)81 856 14 34

Alle auf diesen beiden Seiten angeführten 3-Länder Rad-&Bike Arena Taxi- & Busunternehmen gewährleisten selbstverständlich die Mitnahme von Rädern und Mountainbikes!

www.rad-bike-arena.com

3 LÄNDER Rad & Bike Arena
VINSCHGAU ENGADIN/VAL MÜSTAIR NAUDERS/RESCHENPASS

Information zur 3-Länder-Rad- & Bike Arena Mountainbike Tourenbeschilderung:

In allen drei Teilregionen der grenzüberschreitenden 3-Länder Rad-& Bike Arena Vinschgau/Südtirol, Engadin & Val Müstair/ Schweiz und Nauders/Region Reschenpass Tirol gilt eine einheitliche Tourenbeschilderung. Diese gliedert sich wie folgt:

Schwarz gekennzeichnete Touren: Fahrerkategorie „Extrem & Sport"

Extrem Bike Touren: Mit mehr als 1.000 Höhenmeter, sehr starker Steigung, zum Teil unbefestigte Wege, hohe Anforderung an Kondition und technisches Können. Biker mit sehr guter Ausrüstung, die es gewohnt sind, sich im hochalpinen Gelände zu bewegen. Singletrails willkommen, Schiebe- und Tragepassagen sind kein Hindernis. Touren für Leistungssportler mit dem Willen, das beste zu geben!

Sport Bike Touren – für ambitionierte, gut trainierte Radfahrer, die starke Steigungen nicht scheuen, jedoch Extrempassagen meiden. Neben der sportlichen Leistung zählt auch das Landschaftserlebnis nach dem Motto „Der Gipfelsteig ist nicht alles, auch die Almhütte ist ein willkommenes Ziel". Sehr gute Bikeausrüstung und Tourenerfahrung.

Rot gekennzeichnete Touren: Fahrerkategorie „Genuß & Variant"

Genuß Bike Touren: „Der Weg ist das Ziel!" Das Landschaftserlebnis steht im Vordergrund, kulinarische Attraktionen und geselliges Radeln sind wichtig. Einsteiger und Genießer, die Anstrengung nicht scheuen und Spaß an der Bewegung in der Natur haben. Gute Beschilderung und ein gepflegtes Wegenetz sind Voraussetzung. Gute Bikeausrüstung, die bei Bedarf auch gemietet wird.

Variant Bike Touren – Biker, die sich in eine der ersten 3 Kategorien zuordnen, jedoch für ihre Begleitpersonen ein Routenangebot suchen, das abseits von Bergen und Höhenmetern auf Radwege ein Landschafts- und Familienerlebnis garantieren. Auch das Rennrad soll zum Einsatz kommen.

Blau gekennzeichnete Touren: Fahrerkategorie „Family & Fun"

Family & Fun-Touren: Das sind Touren für die Radler & Biker, die sich gemütlich vom Sattel aus die Landschaft ohne größere Anstrengungen und Höhenmeter ansehen wollen. Spaß und Freude stehen vor sportlicher Leistung im Vordergrund. Blaue Touren sind auch bestens für Rad- & Mountainbike-Anfänger und Familien mit Kindern geeignet!

Streckencharakteristik

Länge

Insgesamt betragen die Tourenlängen der in diesem Mountainbike-Guide erfassten 24 Touren beinahe 450 Kilometer. Die kürzeste Tour hat eine Länge von 8,3 Kilometern, die längste ist 32,5 Kilometer lang.

Mountainbiken in Nauders/ Reschenpass

Die Region Nauders/ Reschenpass wird in 3 Mountainbike-Regionen unterteilt: Nauders, Reschen und Pfunds. Ein dichtes Netz an alten Schmugglerpfaden, Bergwegen und Wirtschaftswegen durchzieht die Region. Dadurch ist die ideale Grundlage für attraktive Mountainbike-Touren gegeben. Ob Sie nun die Saumpfade in den felsigen Schluchten des Unterengadins, die Wege um den Reschenstausee, oder die dichten Wälder auf der italienischen Seite des Dreiländerecks erkunden – es ist garantiert für jeden Biker etwas dabei.

Mountainbike-Regeln

Das Radfahren auf Forstwegen bzw. im Wald ist nur teilweise erlaubt. Es gilt in der Region Nauders/Reschenpass natürlich ebenso wie anderswo das Gebot der Fairness und gegenseitigen Rücksichtnahme. Bei der Annäherung an andere Wegenutzer grundsätzlich die Geschwindigkeit der Situation anpassen. Wenn notwendig anhalten und absteigen. Der Anhalteweg sollte nie mehr als die Hälfte des zu überschauenden Wegeabschnittes betragen. Beachten Sie vor allem, dass Ihnen auch im Wald gelegentlich Kraftfahrzeuge entgegenkommen können. Auf schmäleren Wegen und bei hoher Geschwindigkeit bergab kann es zu schwerwiegenden Unfällen mit Forstautos oder Traktoren kommen.

Größte Vorsicht ist bei Forstarbeiten geboten. Der Waldweg ist zugleich auch Arbeitsplatz der Forstleute. Sperrungen unbedingt beachten, hier besteht Lebensgefahr!

Bei Dämmerung und in der Nacht sollte im Wald nicht mehr gefahren werden. Die Tiere brauchen ihre Ruhe.

Wegweisung

Für die gesamte 3 Länder Rad- & Bikearena mit den Teilregionen Engadin-Val Müstair, Nauders-Reschenpass und Vinschgau-Südtirol ist ein gemeinsanes Beschilderungskonzept entwickelt worden. Die Tournummerierung startet in der Teilregion Engadin-Val Müstair und wird in folgender Reihenfolge in den Teilregionen Nauders-Reschenpass und Vinschgau-Südtirol fortgeführt. Sie finden die gleiche Tournummerierung direkt vor Ort in der Natur sowie analog in den drei dazugehörigen *bikeline*-MountainBikeGuides wieder. Grenzüberschreitende Touren sind in allen 3 Teilregionen gleich nummeriert. Die Beschilderung im

Mountain-Bike-Gebiet Nauders wird bis Mai 2005 abgeschlossen sein.

Tourenplanung

Infostellen

Tourismusverband Nauders-Reschenpass,
Dr.-Tschiggfrey-Str. 66,
✆ +43(0)5473/87220,
E-Mail: office@nauders.info,
www.nauders.info

Tourismusverein Vinschgauer Oberland,
✆ 0039/0473/737092 (St. Valentin) od. ✆ 737090 (Reschen),
www.reschenpass-suedtirol.it,
reschen@reschenpass.info,
st.valentin@reschepass.info

Anreise & Abreise

Mit der Bahn

Vom Bahnhof in Landeck gelangen Sie mit dem Bus nach Nauders/Reschenpass.

Mit dem Auto

Vom Süden her erfolgt die mautfreie Anreise mit dem PKW über den Reschenpass, indem Sie in Bozen auf die MEBO (Meran - Bozen) auffahren und dieser bis Meran folgen. Danach fahren Sie Richtung Reschenpass, vorbei am Haider- und Reschensee und über die ehemalige Grenze nach Nauders.

Wenn Sie vom Norden anreisen verlassen Sie bei Füssen die Autobahn A7 und fahren weiter Richtung Reutte - Fernpass - Imst - Landeck. Dort angekommen folgen Sie der B 315 bis nach Nauders.

Die Anreise über die Schweiz erfolgt über St. Moritz bzw. dem neuen Vereinatunnel von wo aus Sie die Ortschaft Susch erreichen. Von dort folgen Sie der Oberengadiner Landstraße bis zur österreichischen Grenze. Nun zweigen Sie entweder direkt an der Grenze bei Martinsbruck bzw. bei Pfunds (B 315) auf die Straße Richtung Nauders ab.

Biketransport

Biketransport mit Taxi und Bus: siehe Seite 7.

Radverleih

Adressen und Telefonnummern von Radverleihern finden Sie jeweils bei den Orten im Datenblock verzeichnet.

Übernachtung

Die Region Nauders/Reschenpass ist ein beliebtes Tourismusgebiet. Die Anzahl der Beherbergungsbetriebe ist groß, freie Betten sind in der Sommersaison meist auch kurzfristig zu finden. Vor allem durch den Wintertourismus ist die Bettenanzahl sehr hoch und oft im Sommer nicht komplett ausgebucht.

Zu diesem Buch

Dieser *bikeline*-MountainBikeGuide enthält alle Informationen, die Sie für Ihren Mountainbike-Urlaub in Nauders/Reschenpass 3 Länder Rad- & Bike Arena benötigen: exakte Karten, eine detaillierte Wegebeschreibung, die wichtigsten Informationen zu touristischen Attraktionen und Sehenswürdigkeiten und ein Übernachtungsverzeichnis.

Und das alles mit der ***bikeline*-Garantie**: Jeder Meter in unseren Büchern ist von einem unserer Redakteure vor Ort auf seine Fahrradtauglichkeit geprüft worden.

Konzept

Eine kurze Tourenübersicht ermöglicht Ihnen eine schnelle Auswahl der Tour. Den **Gesamtschwierigkeitsgrad** ersehen Sie aus der Farbe des Balkens über der Tour. Leichte Touren sind **blau**, mittelschwere Touren **rot** und schwere, anspruchsvolle Touren **schwarz**. Um eine noch präzisere Darstellung des Schwierigkeitsgrades der einzelnen Touren zu erreichen, sind die erwähnten Einstufungen nochmals unterteilt, wobei die jeweils schwierigere Tour mit einem Plus gekennzeichnet ist.

LEICHT

LEICHT+

MITTEL

MITTEL+

SCHWER

SCHWER+

Das **Höhenprofil** zeigt auf den ersten Blick die Charakteristik der Tour. In der **Balkengrafik** finden Sie auch noch weitere Symbole mit folgenden Bedeutungen:

37,62 km	**= Länge der Tour**
1.124 m	**= Höhenmeterangabe**
	= Verkehrsaufkommen
	= Fahrtechnik
	= Kondition

Karten

Eine Übersicht über die geografische Lage des in diesem Buch behandelten Gebietes gibt Ihnen die Übersichtskarte auf der vorderen inneren Umschlagsseite.
Die Detailkarten sind im Maßstab 1:35.000 erstellt. Dies bedeutet, dass 1 Zentimeter auf der Karte einer Strecke von 350 Metern in der Natur entspricht. Zusätzlich zum genauen Routenverlauf informieren die Karten auch über die Beschaffenheit des Bodenbelags bzw. über die Art des Weges, Steigungen sowie über kulturelle und gastronomische Einrichtungen entlang der Strecke.
Allerdings können selbst die genauesten Karten den Blick auf die Wegbeschreibung nicht ersetzen.
Die beschriebene Haupttour wird immer in Rot und Violett dargestellt. Rot steht für die Route auf normalen Straßen, Violett für die Route auf für den Kfz-Verkehr gesperrten Wegen. Die genaue Bedeutung der einzelnen Symbole wird in der Legende auf Seite 4 erläutert.

Textteil

Der Textteil besteht im Wesentlichen aus der genauen Streckenbeschreibung. Die stichwortartigen Streckeninformationen werden von Ortsüberschriften unterbrochen. Diese Ortsüberschriften sind durchnummeriert und – zur besseren Orientierung – mit derselben Nummer in den Karten und im Höhenprofil wieder zu finden. Die Kilometerangaben zeigen Ihnen die schon zurückgelegte Strecke an und sind auf Grund der allgemeinen Tachometer-Ungenauigkeiten gerundet. In jeder Ortsüberschrift finden Sie hochgestellt auch eine Höhenangabe.

Große 3-Länder-Tour

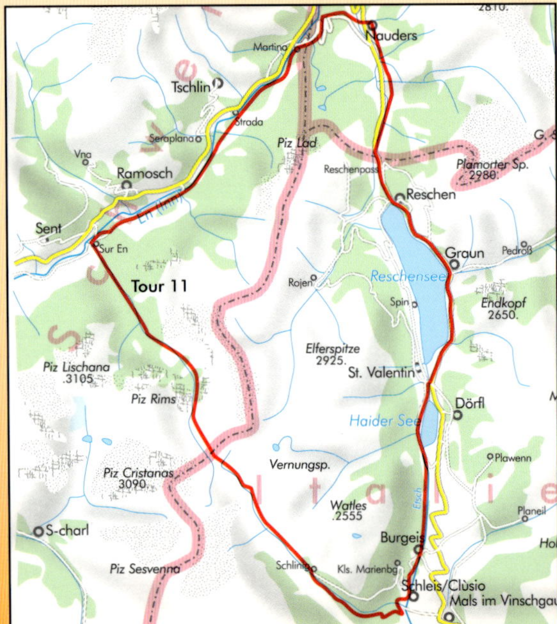

Tour 11 **SCHWER+**

Val d'Uina-Reschenpass

68,9 km 1.732 m

Start/Ziel: Nauders

Wegstrecke: Nauders – Martina – Strada – San Niclà – Sur En – Uinaschlucht – Passo di Slingia – Schlinig – Schleis – Burgeis – St. Valentin – Graun – Reschen – Zollamt – Nauders

Wegbeschaffenheit: Asphalt 42%, Schotter 45%, Trail 13%

Anfahrt/Parkplatz: Nauders

Hinweis: Rundtour gegen den Uhrzeigersinn, die zwischen Burgeis und Nauders entlang der Via Claudia Augusta verläuft.

Lange, anstrengende Rundtour, die an Kondition und Fahrtechnik hohe Anforderungen stellt, aber dafür durch spektakuläre Abschnitte belohnt. Der Start sollte zeitig am Morgen erfolgen, um die eine oder andere Pause einlegen zu können.

1	Nauders	0 km	1.360 m	s. S. 114

PLZ: 6543; Vorwahl: +43(0)5473

Tourismusverband Nauders-Reschenpass, Dr.-Tschiggfrey-Str. 66, ✆ 87220, E-Mail: nauders@reschenpass.info

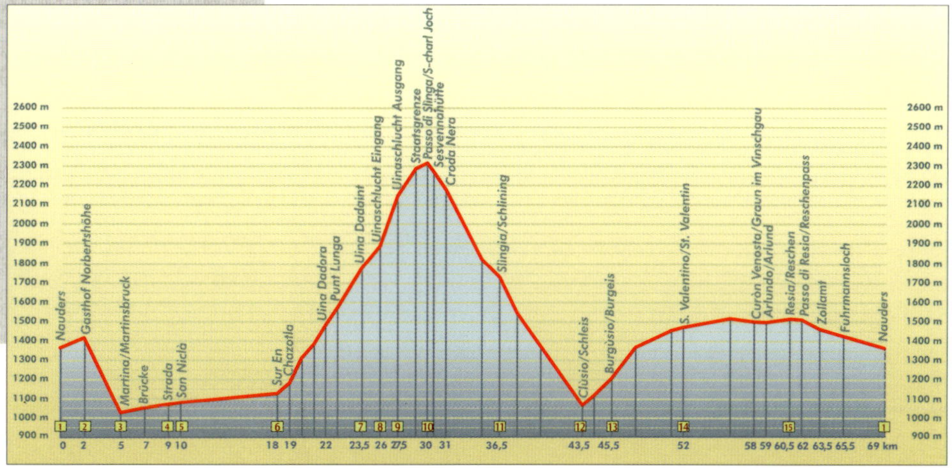

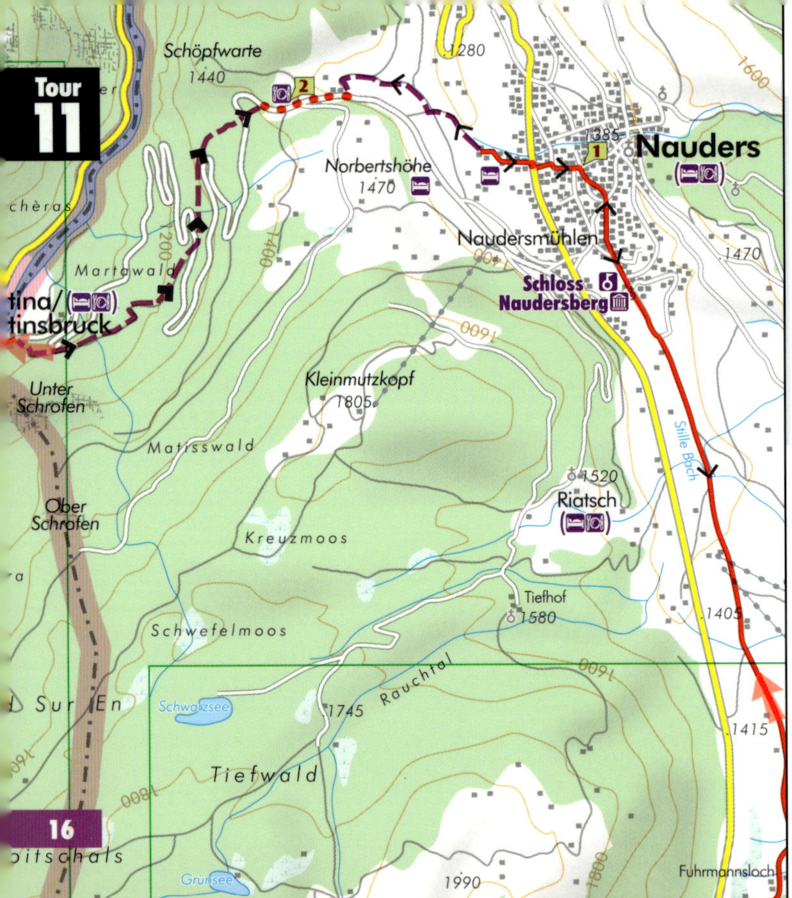

- **Schloss Naudersberg,** ✆ 87242 oder 87252, ÖZ: Ende Mai-Mitte Okt., So 11 Uhr, Di 16.30 Uhr, Mi 17 Uhr, Fr 16.30 Uhr. Schon seit dem 13./14. Jh. konnte man von dieser Burg aus das ganze Grenztal überblicken. Baulich wurde die Anlage im 15. und 16. Jh. noch weiter ergänzt. Arreste, Gerichtskanzlei, Burgkapelle mit Museum mit Ausstellung: Handwerk und Gewerbe in Nauders.
- **St. Leonhardt Kapelle,** aus dem 12. Jh., besitzt einen romantischen Freskenzyklus.
- **Maria Hilf Kirche** und **Spitalkirche zum Heiligen Geist**
- **Festung Nauders,** aus der österreichisch-ungarischen Monarchie. Ausstellung mit dem Thema: Verkehr über den Reschen. (Militärmuseum)
- **Pfarrkirche St. Valentin**

Vom Brunnen am Postplatz rechts am Hotel Post vorbei und der **Dr.-Tschiggfrey-Straße** folgen ~ links abzweigen und den Radschildern Richtung Lochmühle folgen ~ links am Tennisplatz vorbei ~ die Reschenstraße überqueren und links weiter Richtung Norbertshöhe ~ rechts am **Haus Kronerweiter** vorbei ~ auf einem unbefestigten Weg leicht bergab ~ an einem Wegkreuz vorbei ~ eine Brücke überqueren ~ auf einem schmalen Pfad weiter ~ an der folgenden Weggabelung links bergauf ~ kurze Trage- bzw. Schiebestrecke ~ dem Wiesenpfad bis zur T-Kreuzung folgen ~ rechts zum Gasthof Norbertshöhe abbiegen ~ danach verbreitert sich der Weg ~ an der darauffolgenden Kreu-

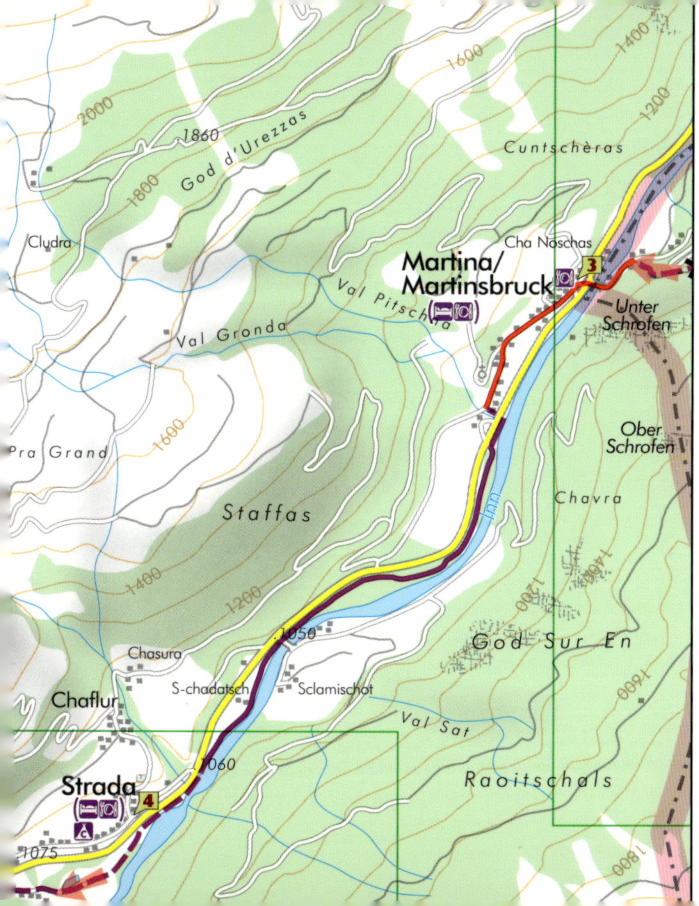

Martina/
Martinsbruck
Cha Noschas
Cuntschèras
God d'Urezzas
1860
Cludra
Val Pitscha
Val Gronda
Unter
Schrofen
Ober
Schrofen
Pra Grand
Staffas
Inn
Chavra
God Sur En
1050
Chasura
S-chadatsch
Sclamischot
Chaflur
Val Sat
Raoitschals
Strada
1060
1075

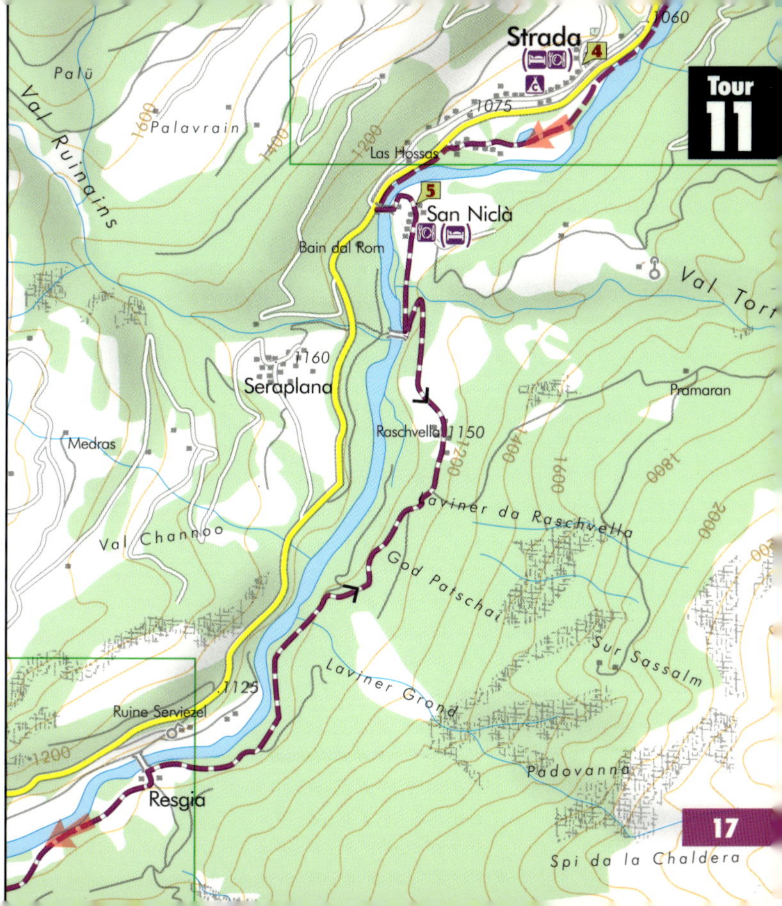

Tour
11
Strada
1060
1075
Las Hossas
Palü
Palavrain
Val Ruinains
San Niclà
Bain dal Rom
Val Tort
1160
Seraplana
Pramaran
Medras
Raschvella
1150
Val Channoo
Aviner da Raschvella
God Patschai
Sur Sassalm
Laviner Grond
1125
Ruine Serviezel
Resgia
Padovanna
Spi da la Chaldera

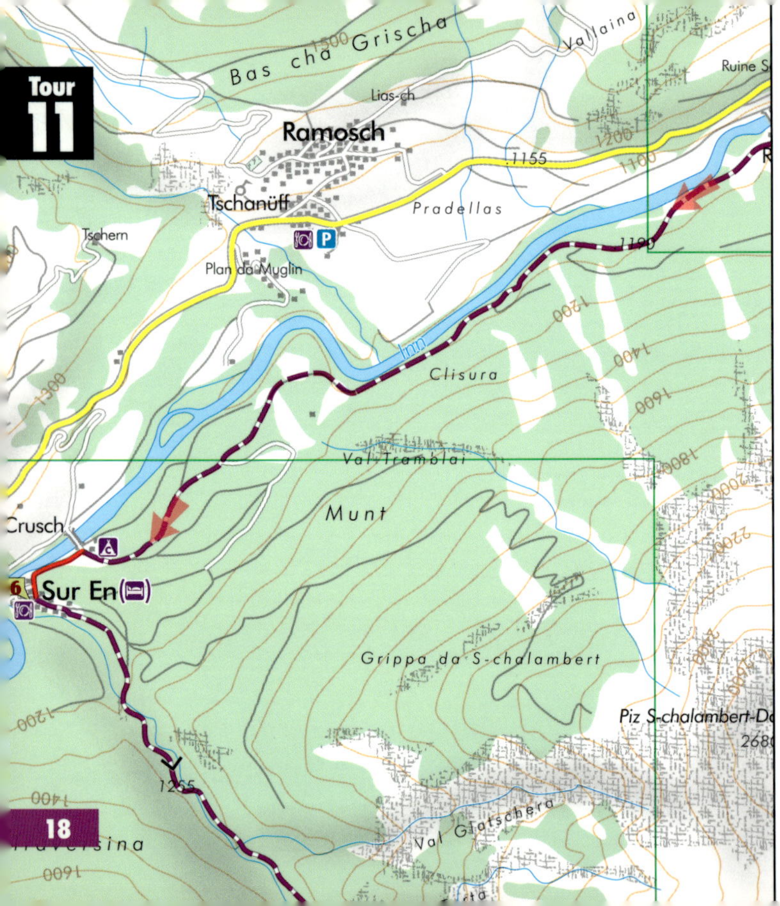
Bas cha Grischa
Vallaina
Ruine S
Lias-ch
Ramosch
.1155
Tschanüff
Pradellas
Tschern
Plan da Muglin
Inn
Clisura
Val Tramblai
Munt
Crusch
Sur En
Grippa da S-chalambert
Piz S-chalambert-Da
2680
1265
Traversina
Val Glatschera

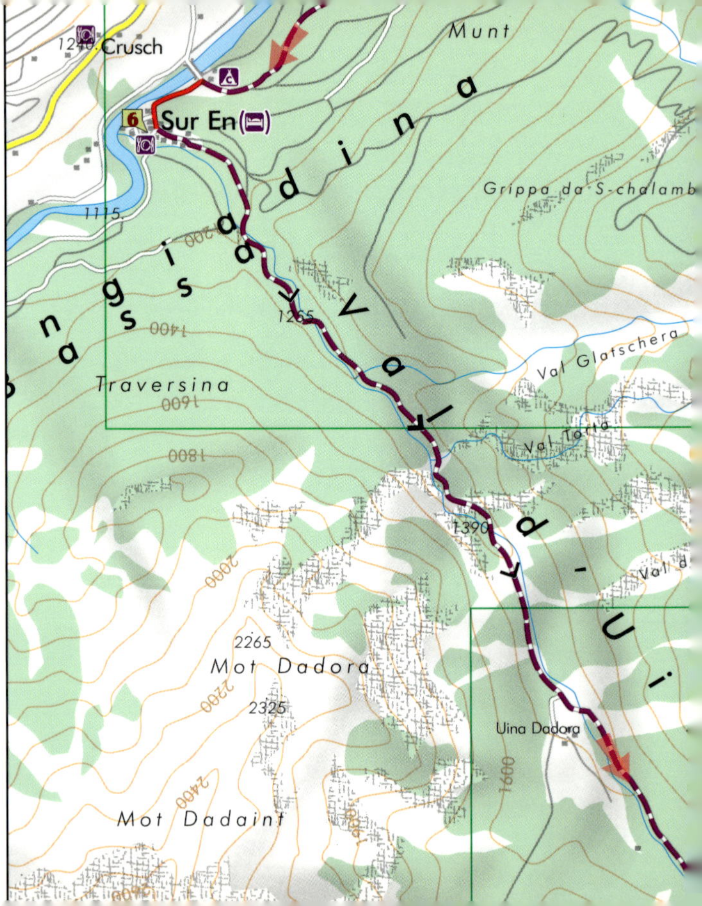
Munt
1240 Crusch
Sur En
1115
Grippa da S-chalamb
Traversina
Val Glatschera
Val Torta
1265
1390
Val d
2265
Mot Dadora
2325
Mot Dadaint
Uina Dadora
Val d'Uina
Bagnis da S-charl

zung links abbiegen und kurz danach links dem Radschild folgen ~ weiter bis zum **Sportplatz** des FC Nauders.

2 Gasthof Norbertshöhe 1,7 km 1.406 m

Auf der Asphaltstraße am Gasthof Norbertshöhe vorbei ~ nach dem Gasthof links in den Waldweg Richtung Martinsbruck einbiegen ~ dem unebenen, schmalen Weg bis zur Asphaltstraße folgen ~ die Straße überqueren und links dem Radschild Richtung Martinsbruck folgen ~ erneut dem steilen, schmalen Waldweg bergab folgen ~ an einem Wegkreuz vorbei ~ auf der Asphaltstraße weiter Richtung Martinsbruck ~ kurz darauf rechts in einen schmalen Pfad abbiegen ~ danach wieder die Asphaltstraße überqueren ~ dem Radschild zum schmalen Pfad folgen ~ am Zollgebäude vorbei ~ rechts die Innbrücke überqueren ~ unmittelbar danach wieder rechts und am Schweizer Zollamt vorbei.

3 Martina - Grenzübergang 4,6 km 1.035 m

Nach Martina von der Ortsdurchfahrtsstraße links abbiegen ~ kurz darauf unter der Hauptstraße durchfahren ~ dem asphaltierten Weg zwischen Inn und Hauptstraße bis nach Strada folgen ~ unter eine Brücke durchfahren.

4 Strada 8,6 km 1.073 m

Teilweise ist der Radweg schlecht befahrbar ~ weiter entlang

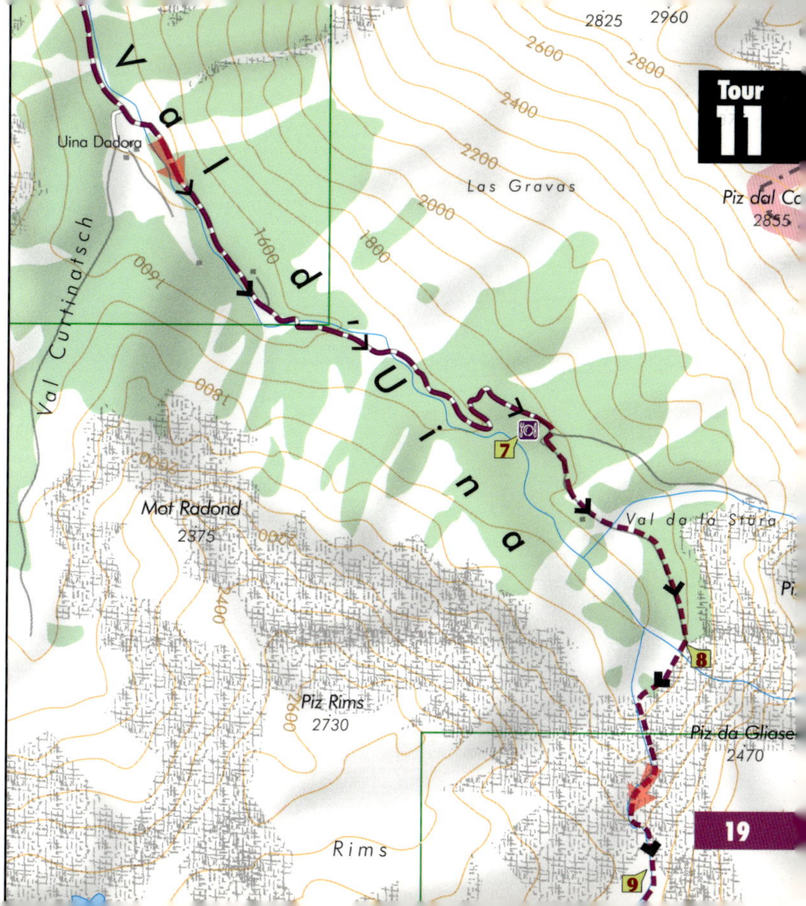

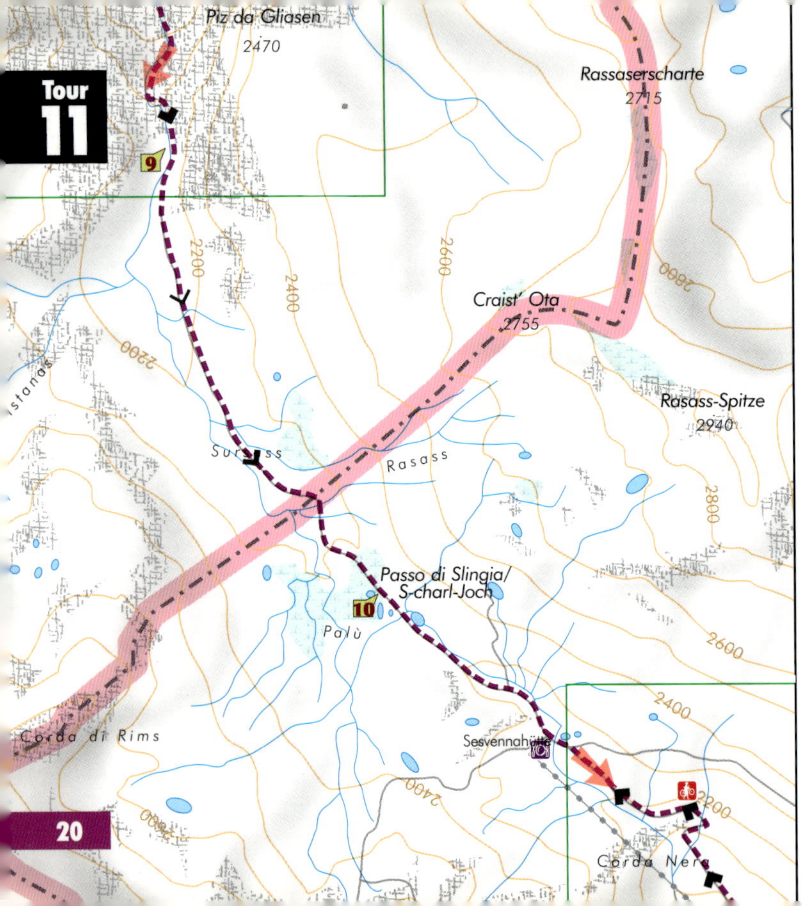

des Inns ↝ bis zur Innbrücke verläuft der Weg zwischen Inn und Hauptstraße unbefestigt ↝ links über die Brücke ↝ den Schildern folgen ↝ in San Niclà ist der Weg wieder asphaltiert.

5 San Niclà 10,2 km 1.080 m

Dem unbefestigten Weg immer entlang des Inns und durch den Wald folgen ↝ nach dem Campingplatz rechts abbiegen und dem Schild folgen ↝ danach ist der Weg wieder asphaltiert ↝ bei der T-Kreuzung links abbiegen und wieder zurück nach Sur-En.

6 Sur-En 17,7 km 1.121 m

Den Ort verlassen und immer dem Hauptweg durch das Tal Richtung Jausenstation Uina Dadaint bergauf folgen ↝ nach 6,4 km auf einer leicht bis mittel ansteigenden Schotterstraße eine Schranke passieren ↝ danach dem leicht steigenden Traktorweg folgen ↝ abermals durch eine Schranke ↝ bei der Jausenstation, an der der Weg oberhalb vorbeiführt.

7 Uina Dadaint 23,6 km 1.783 m

Einen Weidezaun passieren.

Tipp: Ein Wanderweg führt zur Uinaschlucht, bitte vorsichtig fahren.

8 Uinaschlucht Eingang 26,3 km 1.894 m

Tipp: Es folgt nun ein landschaftlich beeindruckender

Streckenabschnitt. Der Untergrund ist jedoch teilweise so, dass er das Fahren auch dann unmöglich machen würde, wenn auf einer Seite kein schwindelerregender Abgrund wäre. Hier führt die Tour auf einem zum Großteil in den Felsen gehauenen, zum Teil durch einen Tunnel geführten, mit Geländern und Seilen gesicherten, steil ansteigenden Pfad.

9 Uinaschlucht Ausgang 27,6 km 2.152 m

Nach dem Ausgang der Schlucht bei km 27,6 und 28 jeweils die Abzweigung nach rechts unbeachtet lassen ⤳ einem leicht bis stark steigenden Wanderpfad folgen ⤳ bei km 29,3 einen Weidezaun und damit gleichzeitig die Staatsgrenze (2.295 m) passieren.

10 Passo di Slingia 30,2 km 2.309 m

Die Tour führt geradeaus, auf einem leicht fallenden und nur teilweise befahrbaren Pfad weiter ⤳ kurz vor und beim Bergsee, rechts zwei Abzweigungen zur Sesvennahütte ⤳ bei km 31,2 rechts am See und an einem großen Steinhaus vorbei ⤳ 400 m steil bergab und nur teilweise fahrbar ⤳ bei km 31,6 (Croda Nera) Beginn der Schiebestrecke ⤳ bei km 33,14 endet die Schiebestrecke und der bis dahin sehr steile Pfad geht in einen fahrbaren Wanderweg über ⤳ nach 400

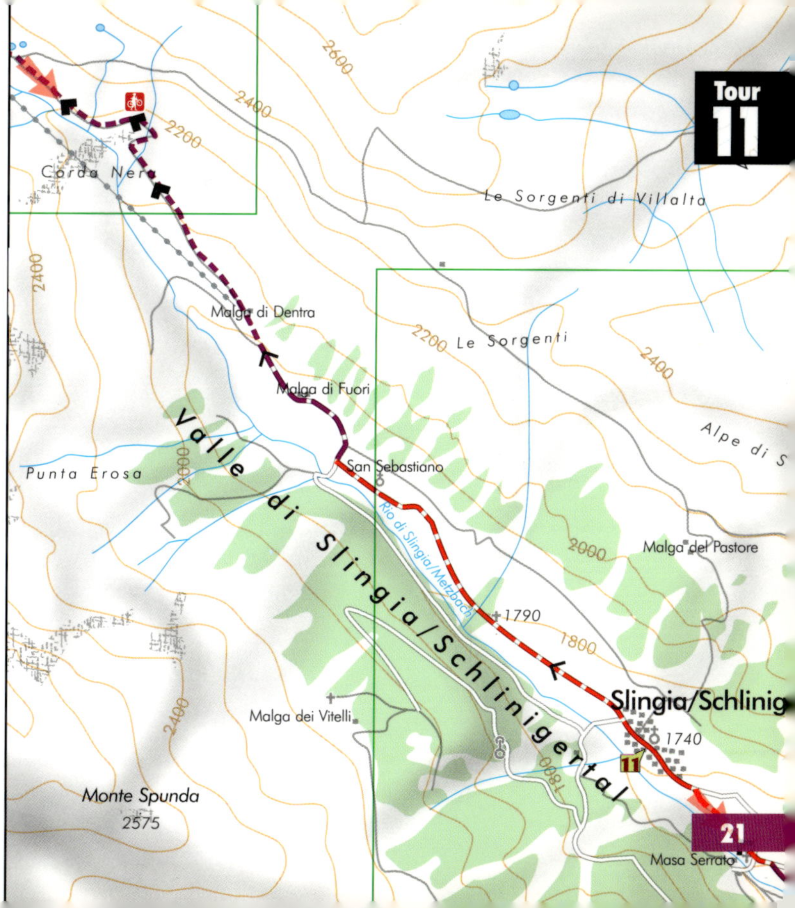

Watlesspitze/Monte Vàtles/Watles
2555
Höferwald
2200
2400
2000
1800
1600
4500
1400
Schäferhütte
Slingia/Schlinig
1740
11
Mühltal
Zugon Höfe/
Masa Serrato
Lataschg/Lutasgo
Hochknott
Prämajur/Praemajur
Röfen/Rovena
Gaschitsch/Casiccia
Planöf
St. Stefan/
S. Stefano
Kloster Marienberg/
Conv. di Monte Maria
1335
Fürstenburg/Castello di Principe
Burgeis/Burgùsio
13
1270
Adige/Etsch
Punibach/Rio Puni
Geröllboden
Spitzige Lun/Piz L
2315
Fassasäcker
1140
1630
Segheria
Rio Melz
1375
Bergwiesen
1335
Polsterhof
Schleis/Clùsio
12
1070
Mals im Vinschgau/Màlles Venosta
1200
Valle di Slingia
2360

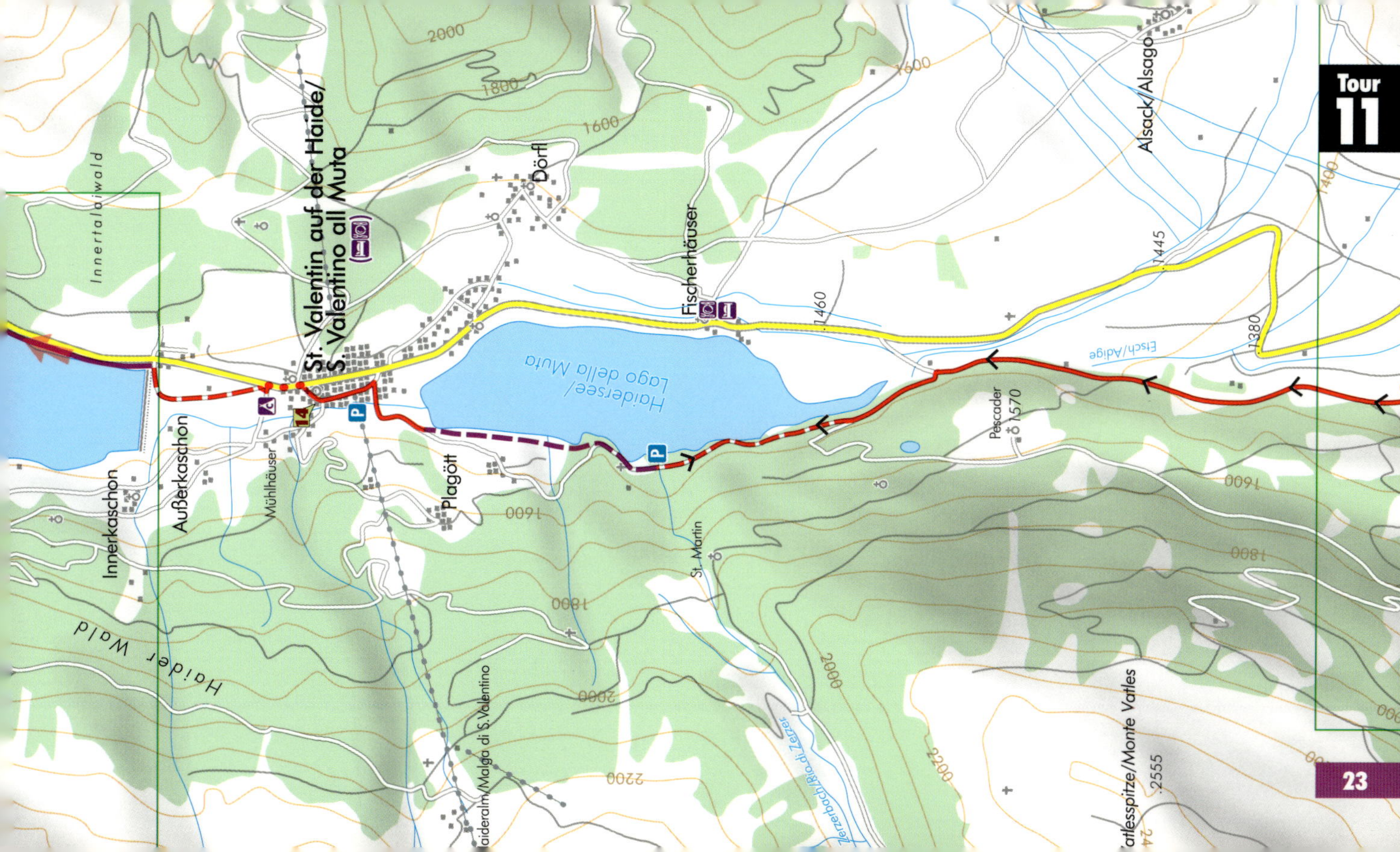
St. Valentin auf der Haide/
S. Valentino all Muta
Haidersee/
Lago della Muta
Dörfl
Fischerhäuser
Alsack/Alsago
Etsch/Adige
Pescader
1570
1445
1460
1380
Innertalaiwald
Innerkaschon
Außerkaschon
Mühlhäuser
Plagött
St. Martin
Haider Wald
aideralm/Malga di S.Valentino
Zerzerbach/Rio di Zerzer
atlesspitze/Monte Vatles
2555

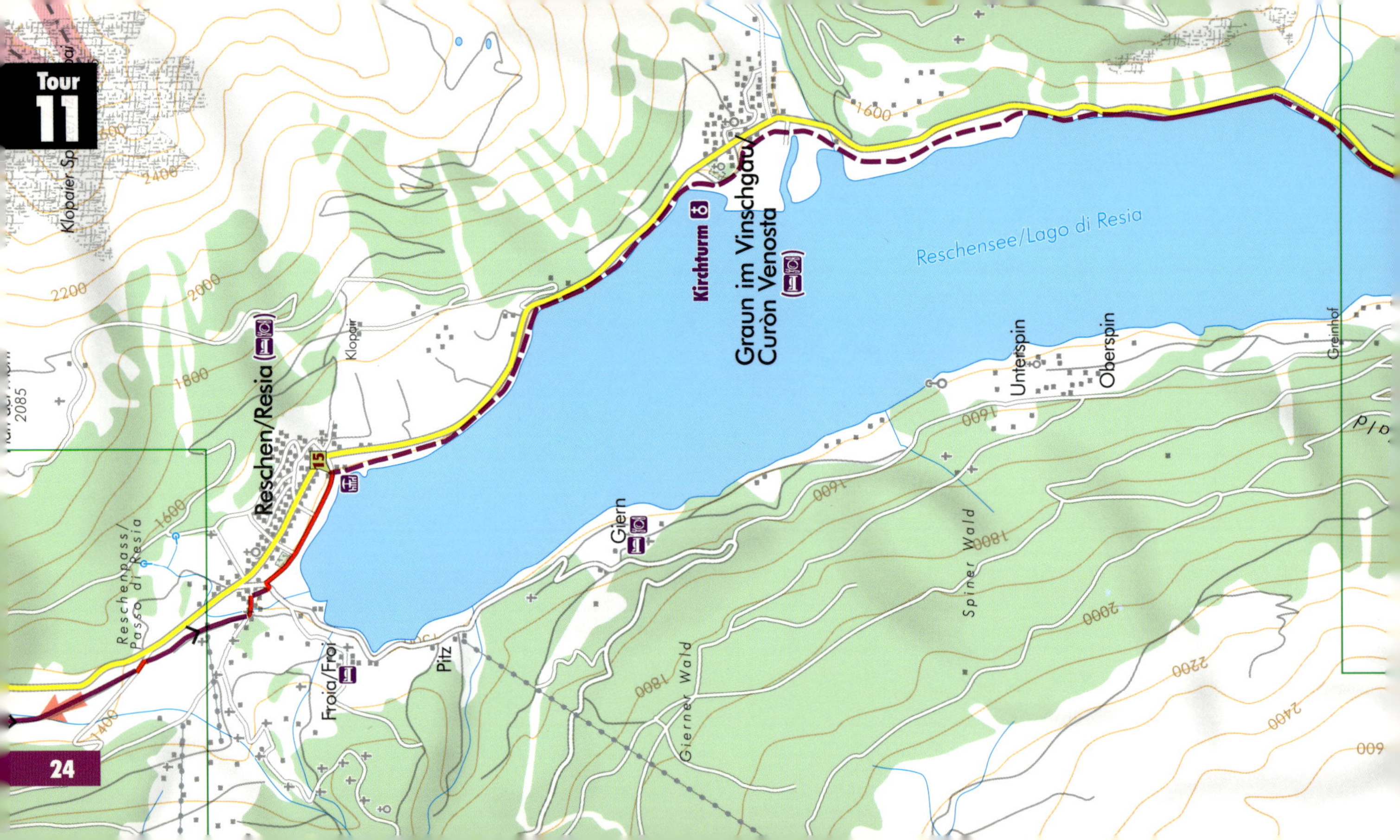
Reschensee/Lago di Resia
Graun im Vinschgau/
Curòn Venosta
Kirchturm
Reschen/Resia
Reschenpass/
Passo di Resia
Kloppair
Froia/Froi
Pitz
Giern
Unterspin
Oberspin
Greinhof
Spiner Wald
Gierner Wald
Klopaier Spitz
2085
15
1600
1800
2000
2200
2400

m befindet sich rechts der Strecke eine Jausenstation ~ bei km 34,2 links Richtung Schlinig, Ende der Schotterstraße ~ nach 200 m links die kleine **Kapelle S. Sebastiano** ~ auf einem asphaltierten Weg Richtung Schlinig ~ zuerst eben, dann leicht fallend dahin.

11 Schlinig 36,3 km 1.738 m

Der Hauptstraße geradeaus durch den Ort folgen ~ an der Kreuzung direkt am Ortsende bei km 36,6 rechts abbiegen ~ rechts steil bergab Richtung Schleis ~ hier endet der Asphalt ~ danach eine Bachquerung ~ 1 km steil bergab ~ rechts über eine Brücke ~ 300 m bergauf ~ an der Kreuzung bei km 38,5 geht die Tour links hinunter Richtung Schleis ~ bis zu einer starken Rechtskurve führt die Tour auf einer Schotterstraße leicht bis mittel fallend weiter ~ danach beginnt eine schmale, 3 km lange Asphaltstraße, stark fallend bergab ~ unmittelbar vor der ersten Brücke links über den Rio Melx abbiegen ~ gerade weiter und danach vor der zweiten Brücke links abbiegen.

12 Schleis 43,3 km 1.064 m

Ab hier auf der Via Claudia Augusta Richtung Norden weiter ~ Schleis verlassen und dem unbefestigten Weg bergauf Richtung Burgeis folgen ~ immer der Etsch entlang ~ links an der Fürstenburg vorbei und weiter nach Burgeis hinein.

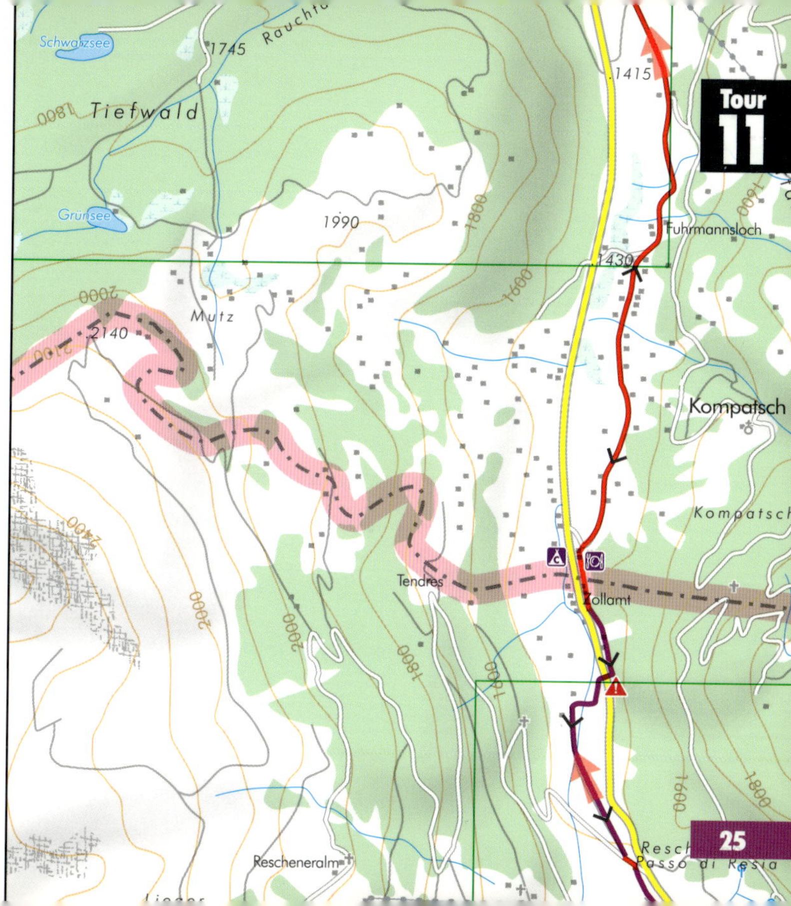

13 Burgeis 45,5 km 1.203 m

Vor dem Friedhof rechts abbiegen ~ kurz darauf links abbiegen und weiter geradeaus durch den Ort fahren ~ die Etsch nicht überqueren ~ stattdessen links in den schmäleren, befestigten Weg Richtung St. Valentin abbiegen ~ von nun an immer geradeaus bergauf weiter der Etsch entlang ~ der Bodenbelag wechselt auf Asphalt ~ am Haidersee entlang bis zu den Mühlhäusern ~ dort nach St. Valentin abbiegen.

14 St. Valentin 51,8 km 1.474 m

Im Ort kurz auf der Hauptstraße entlang ~ dann geradeaus vor bis zur Staumauer des Reschensees ~ parallel zur Hauptstraße in 30 m Abstand ohne Verkehr auf dem asphaltierten Radweg weiter ~ außen an den Lawinengalerien vorbei, später geschottert ~ direkt am Seeufer entlang ~ Bachüberquerung, gleich danach bei einer Linksabzweigung gerade weiter ~ nach der nächsten Brücke nach links ~ kurzes Asphaltstück ~ den Parkplatz beim versunkenen Kirchturm von St. Anna überqueren.

Tipp: Achtung auf die vielen fotografierenden Touristen.

Immer zwischen Hauptstraße und See, zwischen geschotterten und asphaltierten Abschnitten wechselnd weiter bis zu einem Rastplatz vor Reschen ~ ab hier ist wieder Autoverkehr ~ am Friedhof vorbei.

15 Reschen 60,4 km 1.513 m s. S. 67

Einer Links-Rechtskurve bis zum letzten Hof folgen ~ nach einem Gatter Reschen verlassen ~ es folgt eine leichte Steigung ~ in einem Bogen über Wiesen leicht fallend weiter, dann parallel zur Staatsstraße weiter ~ Überquerung der Staatsstraße ~ am letzten Gebäude auf italienischer Seite (Anschrift „Restaurant, Zigaretten") rechts vorbei ~ rechts auf den Parkplatz.

Tipp: Achtung, sehr viel Autoverkehr.

Kurz auf die Staatsstraße ⤳ über einen Parkplatz ⤳ eine Rechtskurve nach dem Zollamt und kurz darauf eine Linkskurve ⤳ am **Gasthof Dreiländerblick** vorbei ⤳ gerade an einer Abzweigung vorbei und anschließend zu einer Hofdurchfahrt ⤳ später unter einer Hochspannungsleitung durch ⤳ unter dem **Lärchenhang-Sessellift** durchfahren.

Immer der Via Claudia Augusta durch die Wiesen folgen, rechts die Talstation des Schlossliftes ⤳ leicht bergab, links an einem Hotelhallenbad vorbei ⤳ nach 500 m folgt ein kurzes, geschottertes Wegstück, rechts an der Burg vorbei ⤳ beim Kreisverkehr geradeaus weiter ⤳ links zum Hotel Tia Monte und zur Touristinformation Nauders.

1	**Nauders 68,9 km** 1.360 m

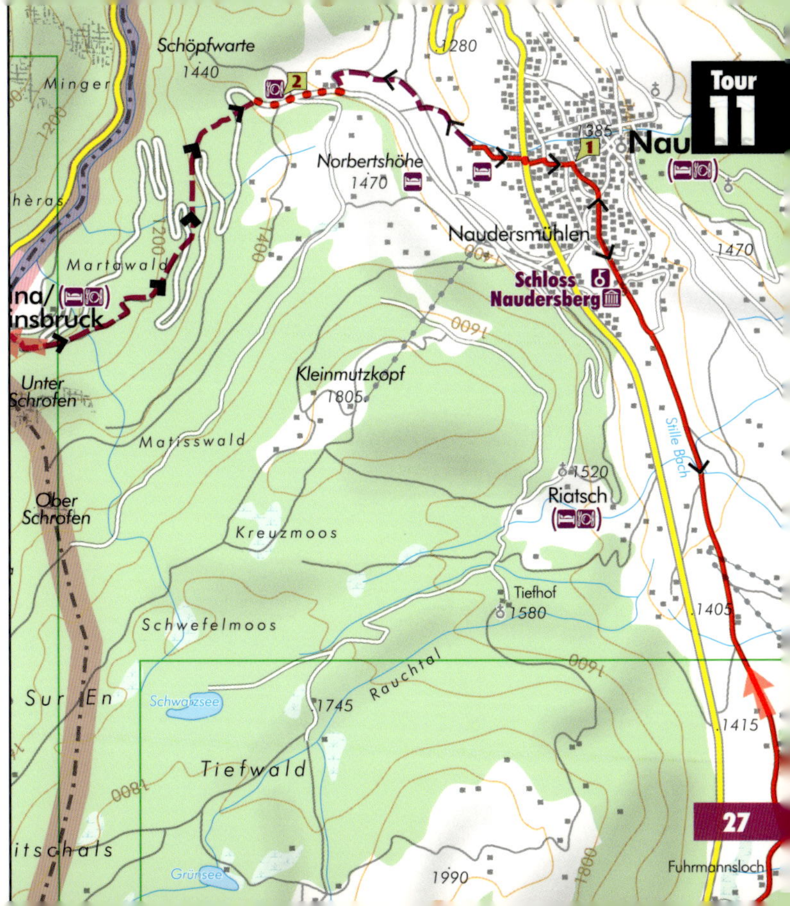

Tourengebiet Nauders

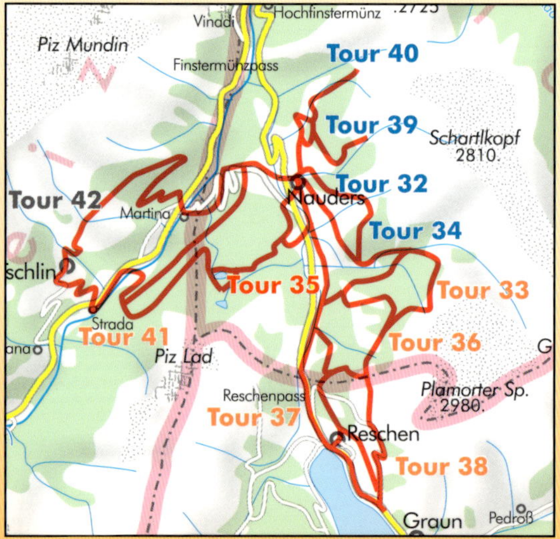

Tour 32 LEICHT+

Stablesrunde

8,3 km **470 m**

Start/Ziel: Postplatz in Nauders
Wegstrecke: Nauders – Stables – Novelles – Nauders
Wegbeschaffenheit: Asphalt 63%, Schotter 31%, Trails 6%
Anfahrt/Parkplatz: Nauders
Hinweis: Rundtour gegen den Uhrzeigersinn.

Nicht allzu anstrengende Rundtour in der unmittelbaren Umgebung von Nauders, die abgesehen von einer kurzen Passage zwischen Stables und dem Novelleshof, fahrtechnisch wenig Ansprüche stellt.

1 Nauders 0 km 1.360 m s. S. 114

Vom Brunnen am Postplatz links vorbei am Gasthof Löwen ~ bei der Spitalkirche rechts die Mittergasse bergauf bis zum Brunnen am Goaßplatz ~ links an der Pfarrkirche vorbei ~ auf einem gepflegten Weg links der Kirche weiter ~ an der Weggabelung rechts auf der Asphaltstraße weiter ~ links am Friedhof entlang ~ danach auf einem Kiesweg weiter ~ rechts unterhalb von einem

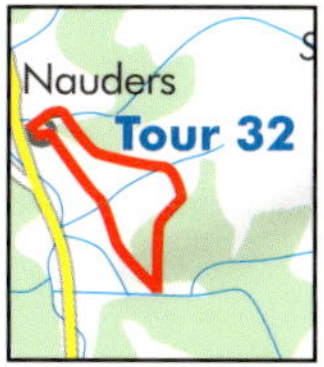

Wegkreuz vorbei ~ dem leicht hügeligen Schotterweg weiter geradeaus folgen.

2 Wegkreuz 1,9 km 1.486 m

Rechts an einem Wegkreuz vorbei ~ dem Schild Richtung Heiligbaumboden, Stables, Goldseehütte bergauf folgen ~ ein Gatter passieren ~ kurz darauf an der T-Kreuzung auf Asphalt weiter bergauf Richtung Stables und Nauderer Schihütte, die sich oberhalb der Goldseehütte befindet ~ unter den Hochspannungs-

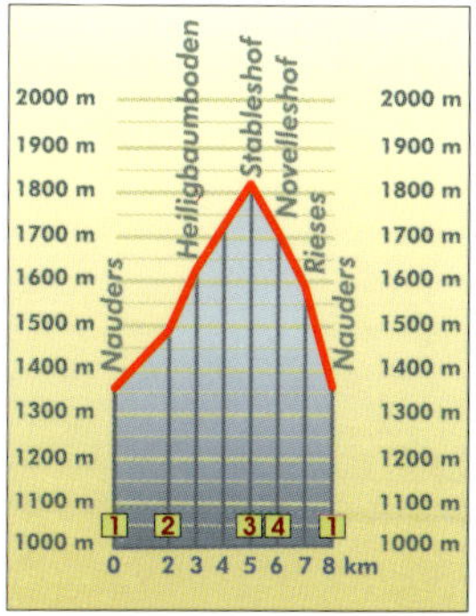

Tour 32

leitungen durch ⇝ links an einem Holzzaun entlang ⇝ an der folgenden Weggabelung links auf der Asphaltstraße weiter Richtung Stables ⇝ links an einem Wegkreuz vorbei ⇝ in einer scharfen Linkskurve steil bergauf ⇝ durch ein Waldgebiet und an einer Tafel mit Hinweisen für den Fütterungsbereich vorbei ⇝ stetig bergauf ⇝ erneut links ein Wegkreuz passieren ⇝ an der darauffolgenden Weggabelung rechts dem Schild Richtung Stableshof folgen ⇝ vor den ersten Häusern und der Kapelle rechts abbiegen.

3 Stableshof 4,7 km 1.820 m

Auf einem unbefestigten Weg Richtung Nauderer Höhenweg weiter ⇝ in einer scharfen Linkskurve weiter den Schildern Richtung Nauderer Höhenweg, Gasthof Novelles etc. folgen ⇝ danach auf einem für Radfahrer freigegebenen Privatweg weiter ⇝ unmittelbar danach auf einem grasbewachsenen Weg an einer Scheune vorbei ⇝ nach der Scheune links weiter Richtung Gasthof Novelles bzw. Nauders ⇝ danach auf einem schmalen, steinigen Pfad bergab weiter ⇝ Achtung: Schiebestrecke ⇝ eine kleine Holzbrücke überqueren ⇝ dem Pfad weiter bergab folgen ⇝ durch ein Gatter ⇝ geradeaus weiter Richtung Gasthof Novelles ⇝ der Pfad geht in einen Schotterweg über.

4 Novelleshof 6,1 km 1.700 m

Rechts am Gasthof Novelles vorbei ⇝ ein Wegkreuz passieren ⇝ der Asphaltstraße Richtung Nauders folgen ⇝ kurvig bergab ⇝ an der Weggabelung bei km 6,8 nach rechts hinten abbiegen ⇝ es folgt ein steiler Downhill auf grobem Schotter ⇝ links in Forstweg einbiegen ⇝ weiter über die Gamorbachbrücke ⇝ links am Lawinendamm vorbei ⇝ auf Grobschotter weiter bergab ⇝ bei der T-Kreuzung links abbiegen ⇝ bei der Ortseinfahrt ein Schrankentor passieren ⇝ im Ortsgebiet auf Asphalt weiter ⇝ rechts an der Pfarrkirche vorbei und zurück zum Postplatz.

1 Nauders 8,3 km 1.360 m s. S. 114

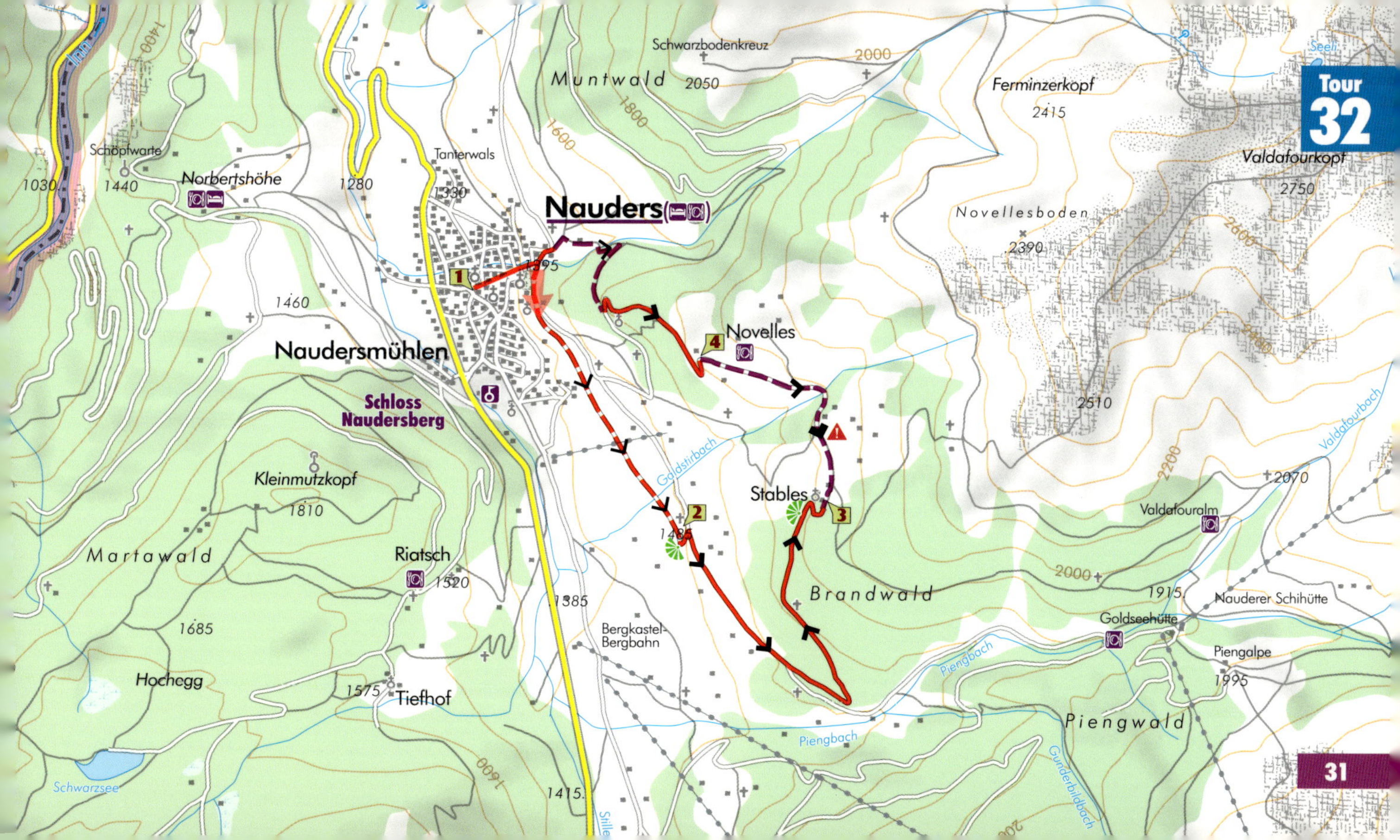
Inn
Schöpfwarte
1030
1440
Norbertshöhe
1280
Tanterwals
1330
Muntwald
Schwarzbodenkreuz
2050
2000
1800
1600
Ferminzerkopf
2415
Seeli
Valdafourkopf
2750
Nauders
Novellesboden
2390
2600
2400
1460
Naudersmühlen
Novelles
Schloss Naudersberg
2510
Kleinmutzkopf
1810
Goldstirbach
Stables
Valdafouralm
2200
2070
1485
Martawald
Riatsch
1520
Brandwald
2000
1915
Nauderer Schihütte
1385
Goldseehütte
1685
Bergkastel-Bergbahn
Piengalpe
Piengbach
1995
Hochegg
1575
Tiefhof
Piengwald
Piengbach
Gunderbildbach
Valdafourbach
Schwarzsee
1600
1415

Tour 33 — MITTEL

Zur Goldseehütte

20,6 km 820 m

Start/Ziel: Touristinformation in Nauders
Wegstrecke: Nauders – Talstation Bergkastel – Bergkastelalpe – Goldseehütte – Nauders
Wegbeschaffenheit: Asphalt 18%, Schotter 62%, Trails 20%
Anfahrt/Parkplatz: Nauders
Hinweis: Rundtour gegen den Uhrzeigersinn
Kombitipp: Anbindung an die Touren 32 und 34.

Abwechslungsreiche Rundtour, die eine fahrtechnisch anspruchsvollere Passage beinhaltet, welche teilweise auf einer Skipiste verläuft.

1 Nauders 0 km 1.360 m s. S. 114

Mit dem Rücken zur Touristinformation Start nach rechts Richtung Hotel Tia Monte ⤳ bei der Kreuzung gerade weiter ⤳ nach 500 m folgt ein kurzes, geschottertes Wegstück, links an der

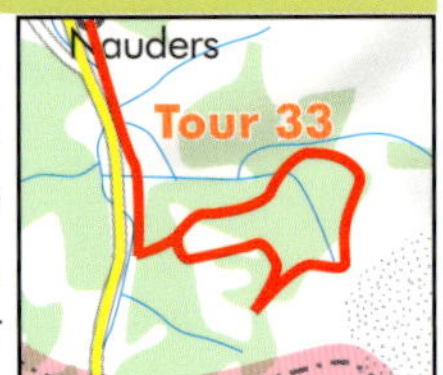

Burg vorbei ⤳ leichter Anstieg rechts am Hotel Neue Burg vorbei ⤳ immer der Via Claudia Augusta durch die Wiesen folgen, links die Talstation des Schlossliftes ⤳ Durchfahrt unter dem Lärchenhang-Sessellift bei km 2,2 ⤳ danach unter einer Hochspannungsleitung durch.

2 Abzweigung zur Forststraße 3,0 km 1.420 m

Ab hier Schotterstraße nach links hinauf, zunächst noch mit leichter Steigung ⤳ bei km 3,3 nicht gerade weiter, sondern der Forststraßenkehre nach links folgen ⤳ bei km 3,7 wieder unter dem Sessellift durch ⤳ Kreuzung mit einer Skipiste, danach doppelte Kehre der Forststraße ⤳ die Wegabzweigung nach rechts bleibt unbeachtet, der

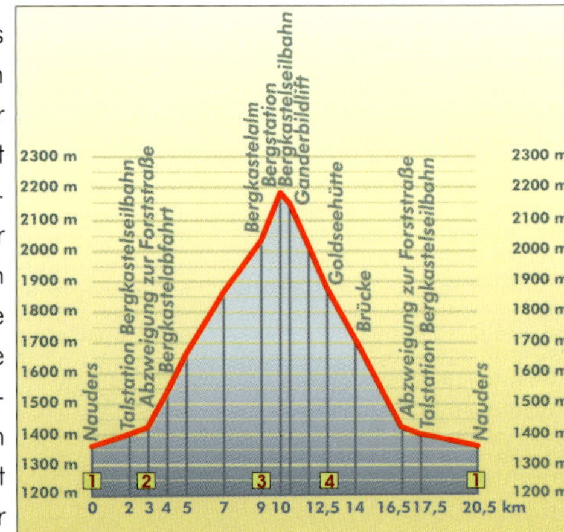

Lift

Forststraße mit der Flutlichtanlage folgen ~ wieder unter einem Sessellift durch.

3 Bergkastelalpe 8,8 km 2.040 m

Den Wegweisern Richtung Goldseehütte, Nauders folgen ~ auf einem Traktorweg rechts bergab an der Schleppliftstation vorbei ~ links am Goldseelift vorbei ~ den Bach überqueren ~ einen Weidezaun passieren ~ dem Schild Richtung Goldseehütte folgen ~ links am Ganderbildlift vorbei ~ leichtes Gefälle ~ danach eine Wiese überqueren ~ es folgt ein kurzes, sehr steiles Stück ~ Übergang

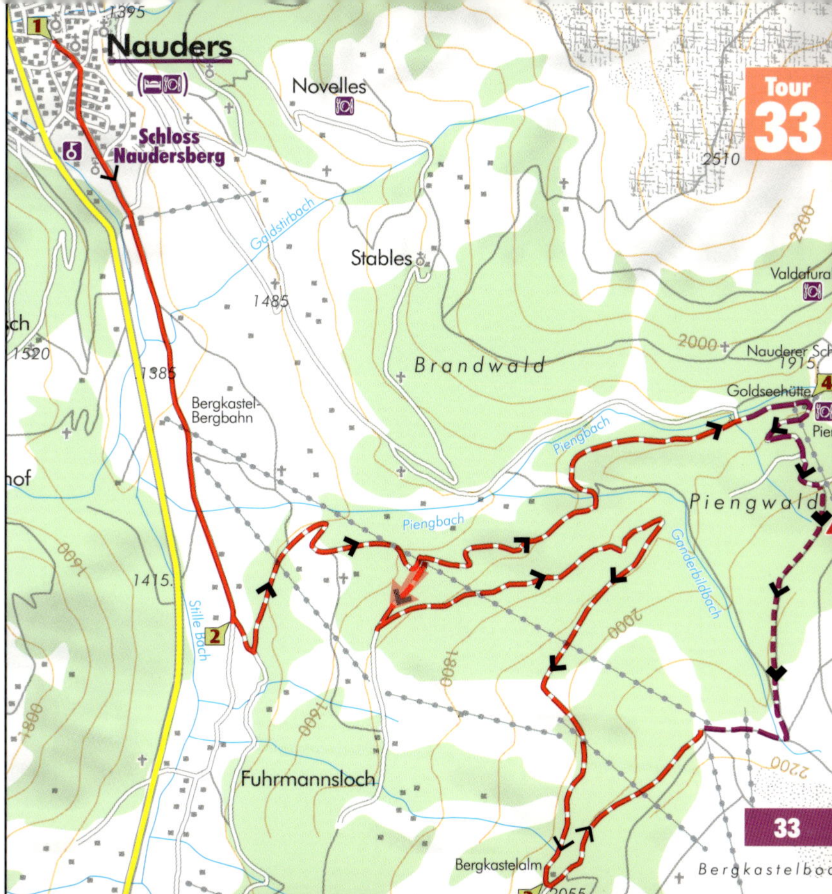

Tour 33

in einen felsigen und fahrtechnisch sehr anspruchsvollen Pfad ⇝ danach wird die Beschaffenheit des Weges wieder besser ⇝ dem Schild Richtung Goldseehütte folgen und links in ein steiles Teilstück einer Schiabfahrt abzweigen ⇝ links in eine Schotterstraße abbiegen ⇝ unter einer Liftbrücke durchfahren ⇝ sofort danach eine scharfe Linkskurve ⇝ vor der Tscheyeckbahn links abbiegen ⇝ rechts an einem Kreuz und kurz darauf an der Goldseehütte vorbei.

4 Goldseehütte 12,5 km 1.880 m

Nach 400 m links abbiegen ⇝ der breiten Schotterstraße bergab folgen ⇝ an der Weggabelung mit dem Lichtmast rechts bergab Richtung Nauders ⇝ den Ganderbildbach überqueren ⇝ auf dem Downhill weiterfahren ⇝ an der folgenden Kreuzung rechts abbiegen ⇝ ab hier den Hinweg zurückfahren.

2 Abzweigung zur Forststraße 17,6 km 1.420 m

Rechts in die Alte Straße Richtung Nauders abzweigen und zum Startpunkt zurückkehren.

1 Nauders 20,6 km 1.360 m **s. S. 114**

Tour 34 LEICHT+

Bergkastelrunde

20,3 km 1.070 m

Start/Ziel: Postplatz in Nauders
Wegstrecke: Nauders – Talstation Bergkastel – Bergkastelalpe – Nauderer Schihütte – Stables – Novelles – Nauders
Wegbeschaffenheit: Asphalt 27%, Schotter 51%, Trails 22%
Anfahrt/Parkplatz: Nauders
Hinweis: Rundtour gegen den Uhrzeigersinn.

Nicht allzu anstrengende Rundtour in der unmittelbaren Umgebung von Nauders, die abgesehen von einer kurzen Passage zwischen Stables und dem Novelleshof, fahrtechnisch wenig Ansprüche stellt.

1 Nauders 0 km 1.360 m s. S. 114

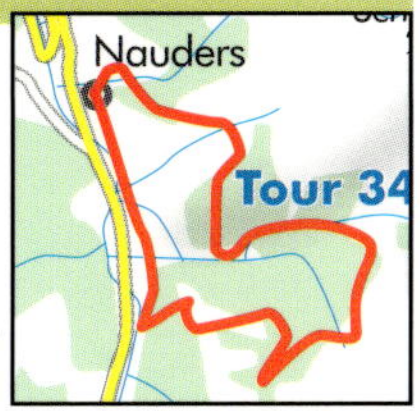

Mit dem Rücken zur Touristinformation Start nach rechts Richtung Hotel Tia Monte ~ bei der Kreuzung gerade weiter ~ nach 500 m folgt ein kurzes, geschottertes Wegstück, links an der Burg vorbei ~ leichter Anstieg rechts am Hotel Neue Burg vorbei ~ immer der Via Claudia Augusta durch die Wiesen folgen, links die Talstation des Schlossliftes ~ Durchfahrt unter dem Lärchenhang-Sessellift bei km 2,2 ~ danach unter einer Hochspannungsleitung durch.

2 Abzweigung der Forststraße 3,0 km 1.420 m

Ab hier Schotterstraße nach links hinauf, zunächst noch mit leichter Steigung ~ bei km 3,3 nicht gerade weiter, sondern der Forststraßenkehre nach links folgen ~ bei km 3,7 wieder unter dem Sessellift durch ~ bei km 4,0 Kreuzung mit einer Skipiste, danach folgt eine doppelte Kehre der Forststraße ~ die Wegabzweigung nach rechts bleibt unbeachtet, der Forststraße mit

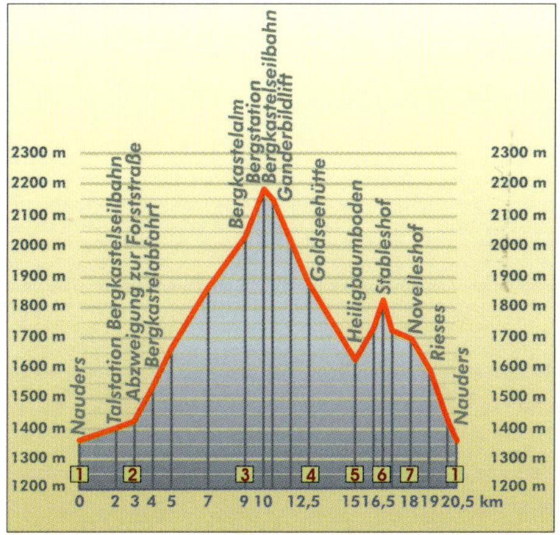

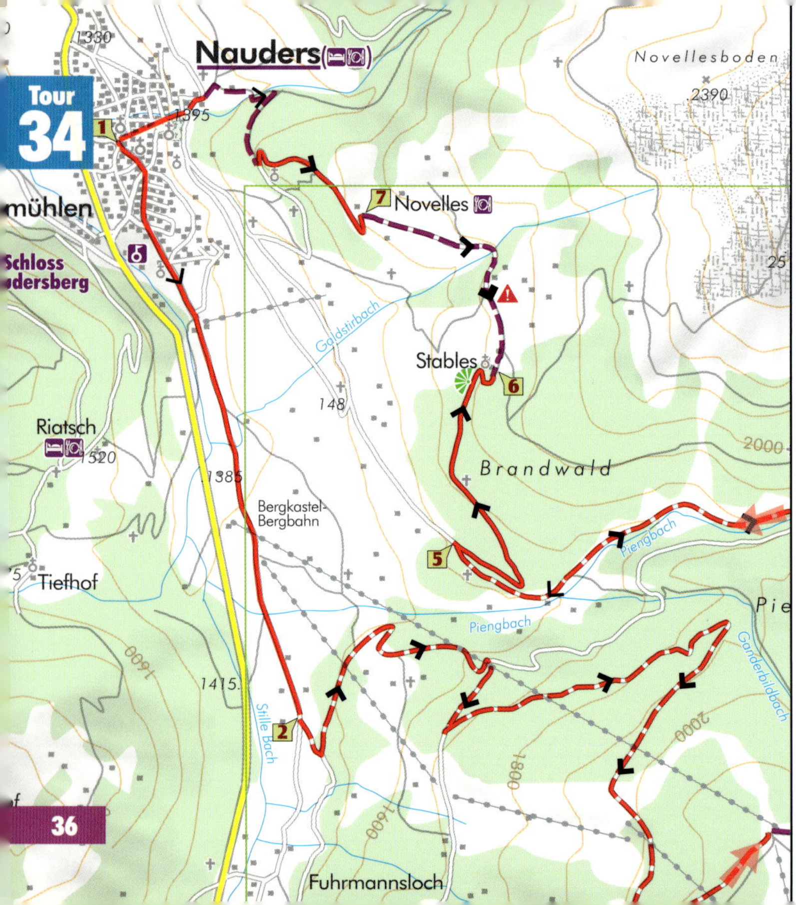

der Flutlichtanlage folgen ~ wieder unter einem Sessellift durch.

3 Bergkastelalpe 8,8 km 2.040 m

Den Wegweisern Richtung Goldseehütte, Nauders folgen ~ auf einem Traktorweg rechts bergab an einer Schleppliftstation vorbei ~ links am Goldseelift vorbei ~ den Bach überqueren ~ einen Weidezaun passieren ~ dem Schild Richtung Goldseehütte folgen ~ bei km 10,2 links am Ganderbildlift vorbei ~ anschließend leichtes Gefälle ~ danach eine Wiese überqueren ~ es folgt ein kurzes, sehr steiles Stück ~ Übergang in einen felsigen und fahrtechnisch sehr anspruchsvollen Pfad ~ danach wird die Beschaffenheit des Weges wieder besser ~ dem Schild Richtung Goldseehütte folgen und links in ein steiles Teilstück einer Schiabfahrt abzweigen ~ links in eine Schotterstraße abbiegen ~ unter einer Liftbrücke durchfahren ~ sofort danach eine scharfe Linkskurve ~ vor der Tscheyeckbahn links abbiegen ~ rechts an einem Kreuz und kurz darauf an der Goldseehütte vorbei.

4 Goldseehütte 12,6 km 1.880 m

400 m nach der Hütte an der Weggabelung rechts halten ~ auf der breiten Schotterstraße bergab ~ den Piengbach überqueren ~ nach dem Downhill folgt ein kurzer Anstieg ~ an einem Kreuz vorbei.

5 Heiligenbaumboden 15,1 km 1.620 m

An der Weggabelung rechts auf der Asphaltstraße weiter ~ links an einem Wegkreuz vorbei ~ in einer scharfen Linkskurve steil bergauf ~ durch ein Waldgebiet und an einer Tafel mit Hinweisen für den Fütterungsbereich vorbei ~ stetig bergauf ~ erneut links ein Wegkreuz passieren ~ an der darauffolgenden

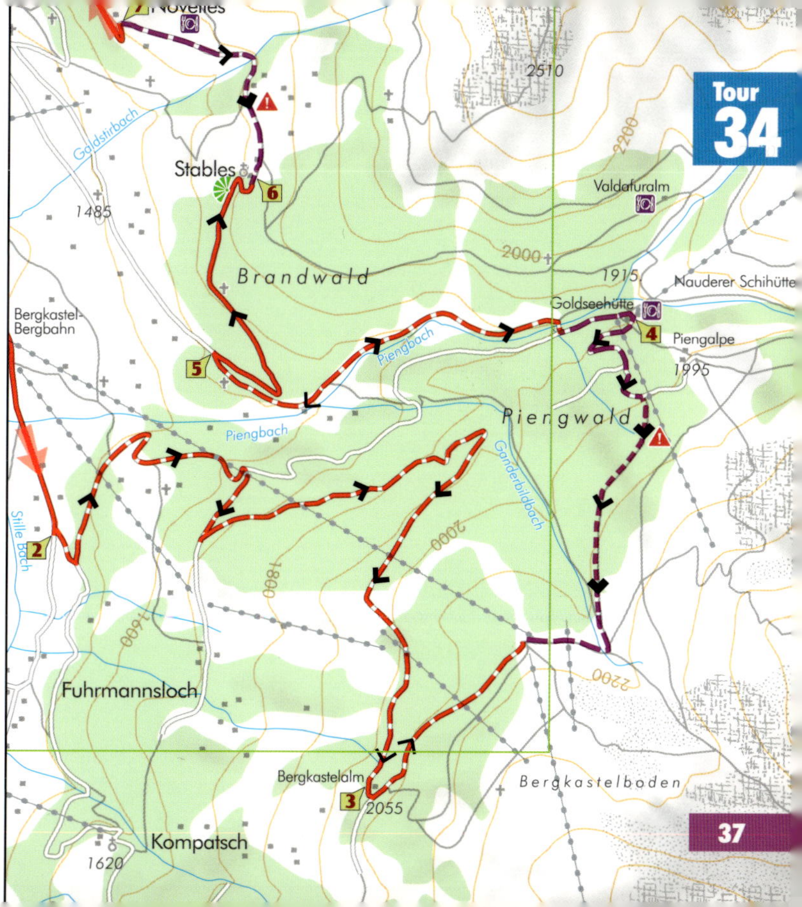

Weggabelung rechts dem Schild Richtung Stableshof folgen ⤳ vor den ersten Häusern und der Kapelle rechts abbiegen.

6 Stableshof 16,6 km 1.820 m

Auf einem unbefestigten Weg Richtung Nauderer Höhenweg weiter ⤳ in einer scharfen Linkskurve weiter den Schildern Richtung Nauderer Höhenweg, Gasthof Novelles etc. folgen ⤳ danach auf einem für Radfahrer freigegebenen Privatweg weiter ⤳ unmittelbar danach auf einem grasbewachsenen Weg an einer Scheune vorbei ⤳ nach der Scheune links weiter Richtung Gasthof Novelles bzw. Nauders ⤳ danach auf einem schmalen, steinigen Pfad bergab weiter ⤳ Achtung: Schiebestrecke ⤳ eine kleine Holzbrücke überqueren ⤳ dem Pfad weiter bergab folgen ⤳ durch ein Gatter ⤳ geradeaus weiter Richtung Gasthof Novelles ⤳ der Pfad geht in einen Schotterweg über.

7 Novelleshof 18,1 km 1.700 m

Rechts am Gasthof Novelles vorbei ⤳ ein Wegkreuz passieren ⤳ der Asphaltstraße Richtung Nauders folgen ⤳ kurvig bergab ⤳ an der folgenden Weggabelung nach rechts hinten abbiegen ⤳ es folgt ein steiler Downhill auf grobem Schotter ⤳ links in einen Forstweg einbiegen ⤳ weiter über die Gamorbachbrücke ⤳ links am Lawinendamm vorbei ⤳ auf Grobschotter weiter bergab ⤳ bei der T-Kreuzung links abbiegen ⤳ bei der Ortseinfahrt ein Schrankentor passieren ⤳ im Ortsgebiet auf Asphalt weiter ⤳ rechts an der Pfarrkirche vorbei und zurück zum Postplatz.

1 Nauders 20,3 km 1.360 m s. S. 114

Zwei Seenrunde

11,8 km 560 m

Start/Ziel: Postplatz in Nauders
Wegstrecke: Nauders – Riatsch – Grünsee – Schwarzsee – Tiefhof – Nauders
Wegbeschaffenheit: Asphalt 30%, Schotter 46%, Trails 24%
Anfahrt/Parkplatz: Nauders
Hinweis: Rundtour, die eine Achterschleife beschreibt. Nach Belieben kann auch ein Abstecher zum Grünsee (+ 300 m) gemacht werden.

Sehr kurze Achterschleife, die zwei fahrtechnisch schwierige Downhills zu bieten hat, bei denen Könner voll auf ihre Kosten kommen.

1 Nauders 0 km 1.360 m s. S. 114

Der Straße Richtung Norbertshöhe folgen → rechts durch die Unterführung → vor dem Mutzkopfsessellift links in die Asphaltstraße abbiegen und dieser bergauf Richtung Riatsch folgen.

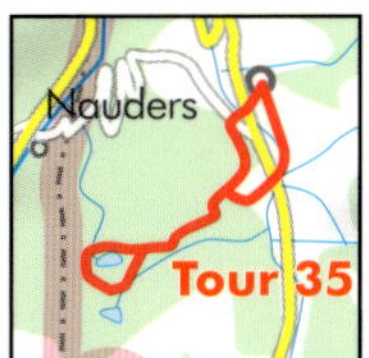

Schwarzsee

2 Riatsch 2,0 km 1.520 m

Am Riatschhof vorbei und rechts weiter → an der folgenden Kreuzung links weiter → kurz darauf am Haus am Sonnenhang vorbei und weiter geradeaus bis zu einer Kreuzung.

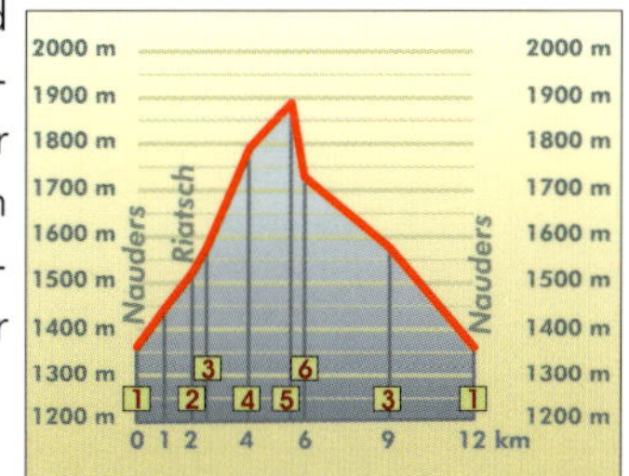

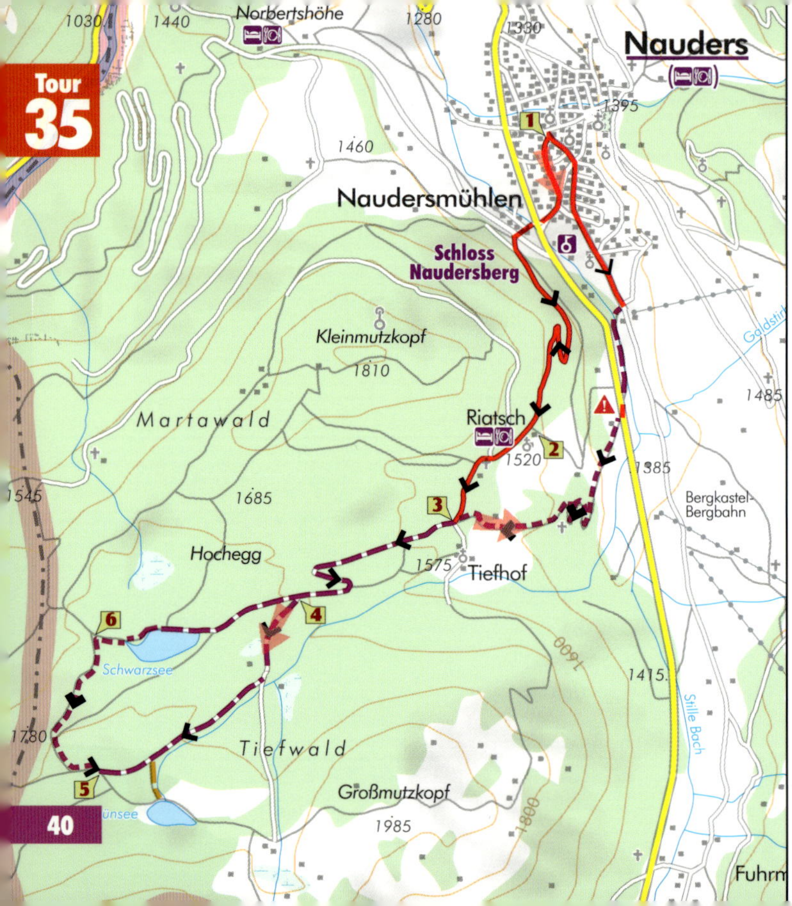

3 Kreuzung vor dem Tiefhof 2,6 km 1.573 m

Links vom Bach der Schotterstraße steil bergauf folgen ~ mit zwei Kehren durch den schönen Hochwald ~ bei der Forststraßengabelung der Schotterstraße nach links folgen (Wanderwegbeschilderung „Grünsee“) ~ an einer Wiese mit einem Jagdhaus vorbei, kurz bergab.

4 Linkskurve der Forststraße 4,4 km 1.795 m

Hier geradeaus von der Forststraße abzweigen ~ rechts vom Bach steil bergauf ~ nach ca. 500 m an der Linksabzweigung zum Grünsee vorbei gerade weiter ~ am rechten Wiesenrand unter einer Hochspannungsleitung durch ~ deren Trasse nach halbrechts verfolgen.

5 Höchster Punkt 5,5 km 1.845 m

Tipp: Ab hier sind meistens sehr viele Wanderer unterwegs.

Die Hochspannungsleitung nach halblinks über einen Traktorweg verlassen ~ nach ca. 100 m nach rechts in einen wurzelgespickten Wanderweg einbiegen ~ in einer Rechtskurve (nochmals kurz auf einem Fahrweg) wieder unter der Hochspannungsleitung durch ~ ab jetzt wegen der vielen Wurzeln fahrtechnisch schwierige Abfahrt ~ bei einer Gabelung nach links unten weiter ~ nach ca. 400

m Downhill wieder eben und dadurch etwas leichter ~ über einige Holzstege.

6 Wegweiser 6,1 km 1.725 m

Im spitzen Winkel nach rechts abzweigen ~ über mehrere Stege eben zwischen Latschen ~ nach ca. 250 m zum idyllischen Schwarzsee ~ links vorbei und auf einer Forststraße bergab mit einer kurzen Gegensteigung zurück zum Wegweiser auf 1.700 m ~ anschließend den Weg zurück bis zur Kreuzung zum Tiefhof.

3 Kreuzung vor dem Tiefhof 8,8 km 1.573 m

Es folgt ein anspruchsvoller Downhill auf einem holprigen Wanderpfad ~ die Landstraße überqueren ~ auf einem Wiesenweg weiter Richtung Nauders ~ über die Bachbrücke ~ links auf die Alte Straße abbiegen ~ am Schloss Naudersberg vorbei und zurück zum Ausgangspunkt.

1 Nauders 11,8 km 1.360 m **s. S. 114**

Tour 36 **MITTEL**

Durch den Kompatschwald

17,1 km 680 m

Start/Ziel: Postplatz in Nauders
Wegstrecke: Nauders – Talstation Bergkastel – Bergkastelalpe – Kompatschwald – Kompatsch – Fuhrmannsloch – Nauders
Wegbeschaffenheit: Asphalt 35%, Schotter 47%, Trails 18%
Anfahrt/Parkplatz: Nauders
Hinweis: Rundtour im Uhrzeigersinn.

Diese Rundtour verläuft auf einem kurzen Abschnitt im Grenzgebiet und teilweise auf einem verwachsenen Pfad neben einem Bach entlang. Daher sind wasserdichte Schuhe sehr zu empfehlen.

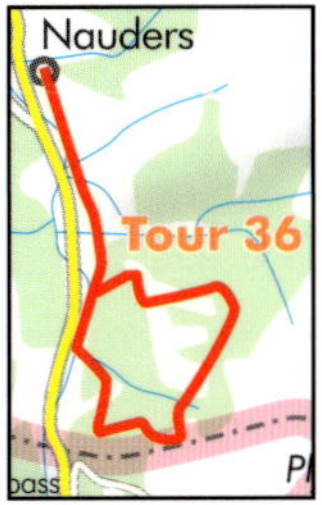

1 Nauders 0 km 1.360 m s. S. 114

Mit dem Rücken zur Touristinformation Start nach rechts Richtung Hotel Tia Monte ~ bei der Kreuzung gerade weiter ~ nach 500 m folgt ein kurzes, geschottertes Wegstück, links an der Burg vorbei ~ leichter Anstieg rechts am Hotel Neue Burg vorbei ~ immer der Via Claudia Augusta durch die Wiesen folgen, links die Talstation des Schlossliftes ~ Durchfahrt unter dem Lärchenhang-Sessellift bei km 2,2 ~ danach unter einer Hochspannungsleitung durch.

2 Abzweigung der Forststraße 3,0 km 1.420 m

Ab hier der Schotterstraße nach links bergauf folgen, zunächst noch mit leichter Steigung ~ bei km 3,3 nicht gerade weiter, sondern der Forststraßenkehre nach links folgen ~ bei km 3,7 wieder unter dem Sessellift durch ~ bei km 4,0 eine Kreuzung mit einer Skipiste, danach folgt eine doppelte Kehre der Forststraße ~ die Wegabzweigung nach rechts bleibt unbeachtet, der Forststraße mit der Flutlichtanlage folgen ~ wieder unter einem Sessellift durch.

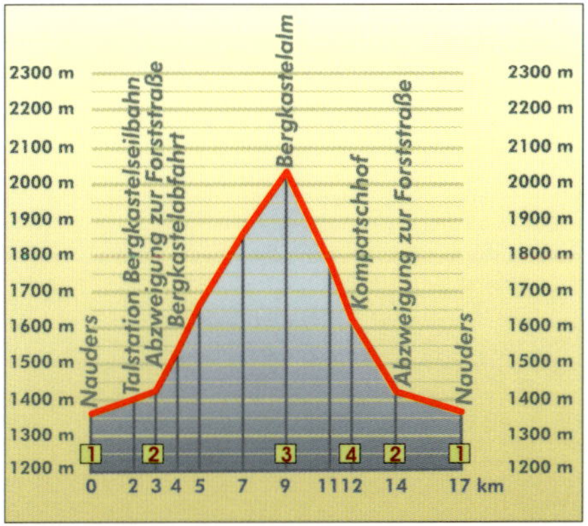

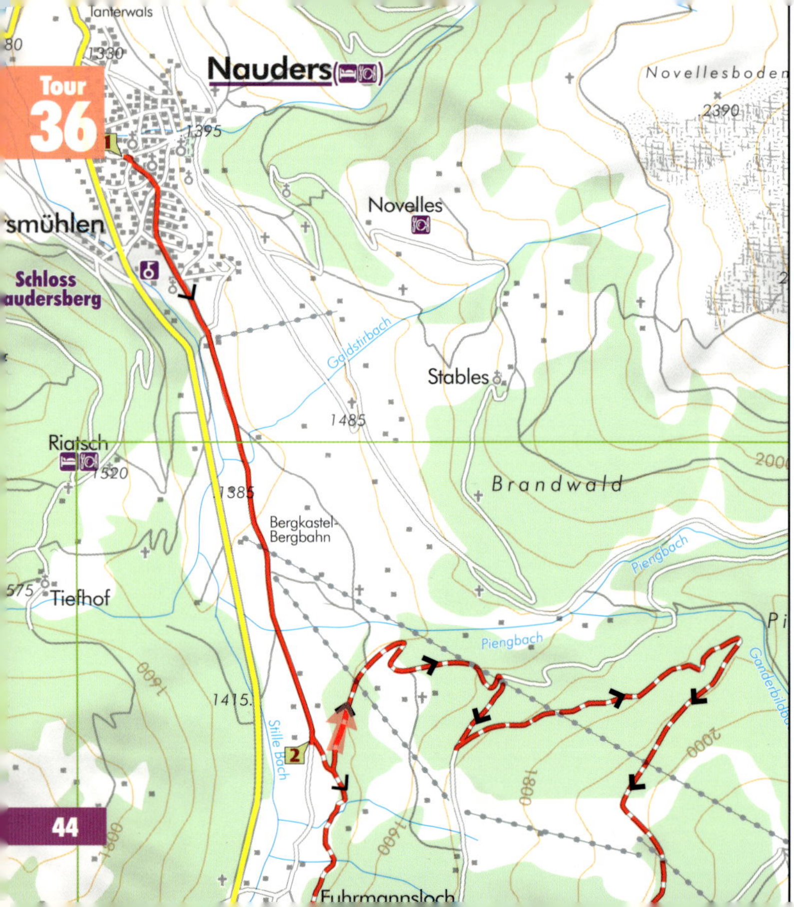

3 Bergkastelalpe 8,8 km 2.040 m

Bei der Bergkastelalm rechts abbiegen ~ nach etwa 400 m wieder rechts abbiegen und nach etwa 500 m in einer Linkskurve auf einem schmalen Pfad weiter ~ danach eine Linkskurve und in einiger Entfernung weiter entlang des Stacheldrahtzaunes, der die Grenze zu Italien bildet ~ von der Hochebene auf einem schmalen, steilen Weg weiter ~ Achtung: Der Weg ist stark verwachsen und an manchen Stellen kann das Rad nur getragen werden. ~ am kleinen Bach bergab bis zur Brücke durch den Wald entlang ~ an der Weggabelung rechts weiter ~ durch eine Rechtskehre knapp an der Staatsgrenze vorbei ~ es folgt ein Downhill ~ weiter bergab Richtung Kompatschhof ~ kurz davor links abbiegen.

4 Kompatschhof 12,1 km 1.630 m

Auf der Schotterstraße bergab und an der folgenden Weggabelung links abbiegen.

2 Abzweigung der Forststraße 14,1 km 1.420 m

Rechts auf die Alte Straße abbiegen und zurück nach Nauders.

1 Nauders 17,1 km 1.360 m **s. S. 114**

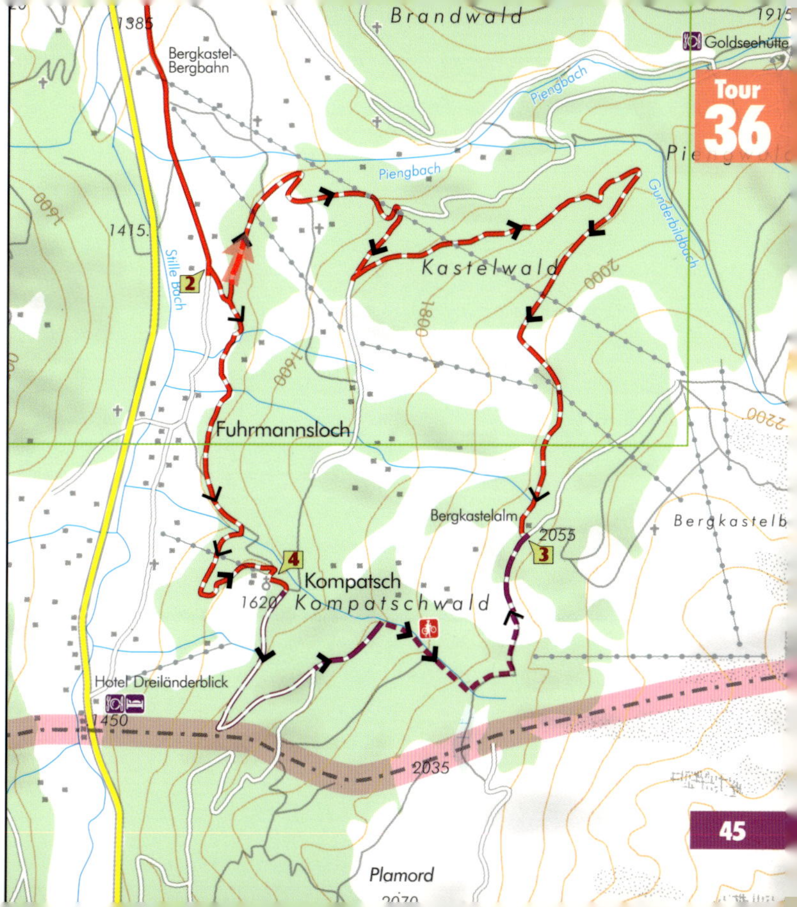

Tour 37 MITTEL

Nauders/Reschenrunde

20,5 km 563 m

Start/Ziel: Nauders

Wegstrecke: Nauders – Martanneswiesen – Lärchenalm – Kompatschhof – Staatsgrenze – Reschen – Zollamt – Nauders

Wegbeschaffenheit: Asphalt 56%, Schotter 41%, Trails 3%

Anfahrt/Parkplatz: Nauders

Schilder der Via Claudia Augusta

Hinweis: Rundtour im Uhrzeigersinn.

Kombitipp: Anbindung an die Tour 46.

Abwechslungsreiche Rundtour Richtung Reschen, der Hinweg ist mehr im Gelände mit einigen kurzen sehr schwierigen Abschnitten, retour geht's dann zum Erholen auf Asphalt leicht bergab.

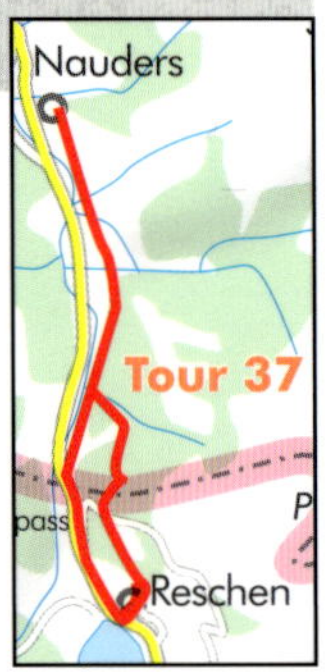

1 Tourismusinfo Nauders 0 km 1.394 m s. S. 114

Mit dem Rücken zur Info Start nach rechts Richtung Hotel Tia Monte ~ beim Kreisverkehr gerade weiter ~ nach 500 m folgt ein kurzes, geschottertes Wegstück, links an der Burg vorbei ~ leichter Anstieg rechts an einem Hotelhallenbad vorbei ~ immer der Via Claudia Augusta durch Wiesen folgen, links die Talstation des Schlossliftes.

2 Durchfahrt unter dem Lärchenhang-Sessellift 2,2 km 1.410 m

Unter einer Hochspannungsleitung durch.

3 Abzweigung der Forststraße 3,0 km 1.418 m

Ab hier eine Schotterstraße nach links hinauf, zunächst noch mit leichter Steigung ~ nach 200 m nicht gerade weiter, sondern der Forststraßenkehre nach links folgen ~ wieder unter dem Sessellift

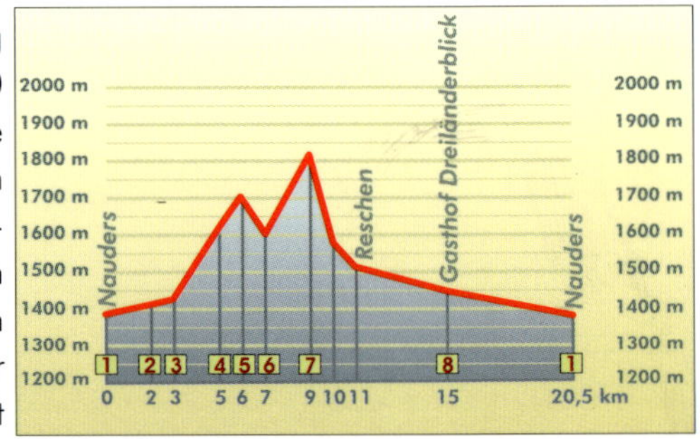

durch ⁓ eine Kreuzung mit einer Skipiste, danach doppelte Kehre der Forststraße ⁓ Wegabzweigung nach rechts bleibt unbeachtet, der Forststraße mit der Flutlichtanlage folgen ⁓ wieder unter einem Sessellift durch.

Der Rechtskehre folgen ⁓ bei der Linksabzweigung geradeaus der Straße mit den Flutlichtern folgen ⁓ bis hier war die Forststraße konstant steil bergauf, bei der nächsten Durchfahrt unter dem Lärchenhang-Sessellift leichte Abfahrt zu zwei Liftstationen in eine Wiesenmulde ⁓ an der Jausenstation

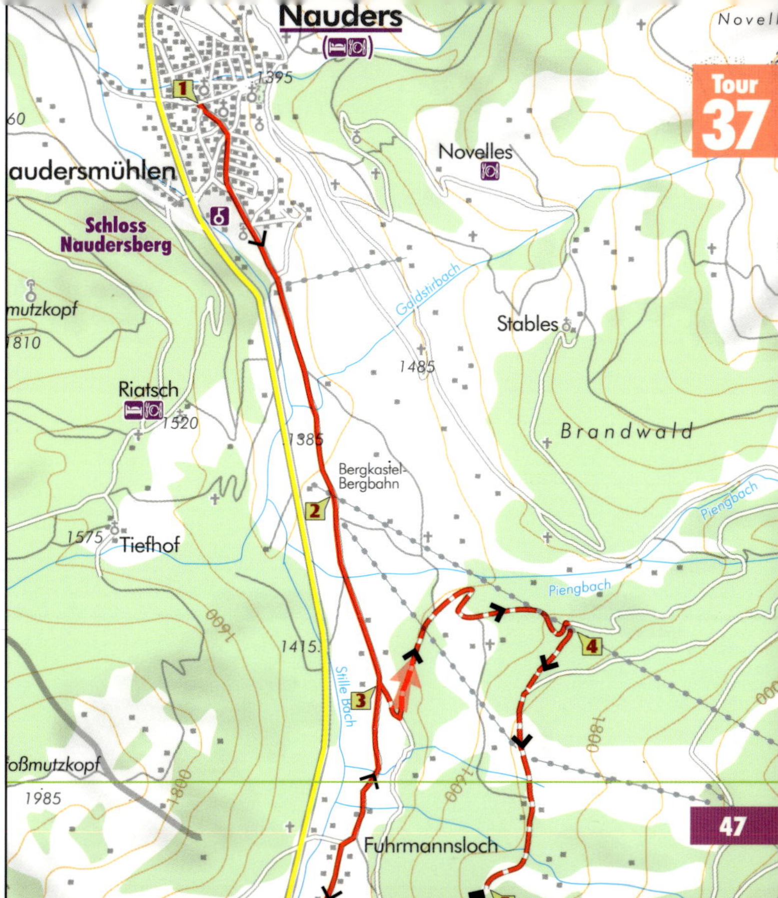

Lärchenalm (nur im Winter geöffnet) vorbei ~ 50 m danach in einer Linkskehre der Forststraße geradeaus abzweigen, rechts einige kleine Heuhütten.

5 Beginn des Traktorweges 5,8 km 1.702 m

Eben weiter, an einigen Heuhütten vorbei ~ einen kleinen Bach überqueren ~ eine kurze, sehr steile Rampe bergauf ~ ab hier nur mehr ein Wanderweg (Markierung 27) ohne große Höhenunterschiede, aber zunehmend Wurzeln ~ eine kleine feuchte Wiese mit Bach überqueren ~ Beginn einer z.T. sehr steilen Abfahrt mit kurzen felsigen Schiebepassagen ~ bei zwei Heuhütten wird der Weg wieder zum Traktorweg.

6 Bachüberquerung 6,9 km 1.620 m

Fahrtechnische Herausforderung auf einem sehr schmalen Steg ~ 50 m danach eine zweite, aber leichtere Bachüberquerung mit einer Furt ~ 50 m danach beim Kompatschhof einer Forststraße nach links bergauf folgen ~ eine Abzweigung nach rechts, die unbeachtet bleibt ~ die Forststraße hat nur mehr leichte Steigung, schöne Ausblicke auf die andere Talseite ~ Linkskehre mit einem Schild Achtung Staatsgrenze ~ in der nächsten Kehre nicht geradeaus, sondern nach rechts zur nächsten Linkskehre.

7 Abzweigung des Wanderwegs Richtung Staatsgrenze 8,8 km 1.810 m

In dieser Linkskehre von der Forstraße abzweigen und auf einem Wanderweg geradeaus weiter ⁓ eine kurze Schiebestrecke ca. 30 Höhenmeter bergauf ⁓ rechts vom Weg steht ein dicker, verzweigter Baum (hier Staatsgrenze) ⁓ kurze, ziemlich ebene Schiebestrecke weiter zu einer Forststraße ⁓ hier beginnt der steile Downhill ⁓ in mehreren Kehren bergab ⁓ an Felsen vorbei, schöner Blick zum Reschensee ⁓ einige Abzweigungen bleiben unbeachtet ⁓ kurz vor Reschen durch lichten Lärchenwald mit einigen Rastbänken ⁓ ab einer Kehre bei einem Wegkreuz Asphalt ⁓ in 3 Kehren am Ortsrand von Reschen bergab ⁓ steil bergab zur Kreuzung mit der Staatsstraße.

Tipp: Unübersichtliche Kreuzung mit dieser sehr verkehrsreichen Straße.

Die Staatsstraße wenige Meter nach links versetzt überqueren ⁓ beim Friedhof nach rechts abbiegen ⁓ bei der nächsten Kreuzung nach links, nach ca. 100 m rechts ⁓ (ab jetzt immer den Schildern der Via Claudia Augusta folgen) ⁓ entlang des asphaltierten Radwegs durch Wiesen, später unmittelbar neben der Staatsstraße ⁓ diese überqueren ⁓ hinter den Gebäuden weiter ⁓ rechts am Zollamt vorbei ⁓ kurz auf die Hauptstraße, dann rechtshaltend über den Parkplatz vor dem Zollamt.

8 Hotel Dreiländerblick 15,2 km 1.450 m

Links vom Hotel beginnt der österreichische Teil des Radwegs ⁓ auf diesem mit leichten Höhenunterschieden zurück zum Ausgangspunkt Nauders.

1 Nauders 20,5 km 1.394 m **s. S. 114**

Tour 38 — MITTEL

Plamortrunde

26,8 km · 940 m

Start/Ziel: Postplatz in Nauders
Wegstrecke: Nauders – Goldseehütte – Bergkastelalpe – Plamort – Klopair – Reschen – Nauders
Wegbeschaffenheit: Asphalt 34%, Schotter 51%, Trails 15%
Anfahrt/Parkplatz: Nauders
Hinweis: Rundtour im Uhrzeigersinn.

Diese Rundtour führt über die Staatsgrenze nach Italien an alten Kasernenruinen vorbei und bietet einen herrlichen Blick auf den Reschensee.

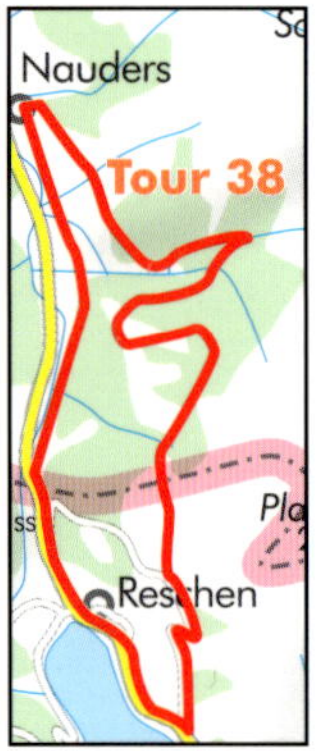

1 Nauders 0 km 1.360 m s. S. 114

Vom Brunnen am Postplatz links vorbei am Gasthof Löwen ~ bei der Spitalkirche rechts die Mittergasse bergauf bis zum Brunnen am Goaßplatz ~ links an der Pfarrkirche vorbei ~ auf einem gepflegten Weg links der Kirche weiter ~ an der Weggabelung rechts auf der Asphaltstraße weiter ~ links am Friedhof entlang ~ danach auf einem Kiesweg weiter ~ rechts unterhalb von einem Wegkreuz vorbei ~ dem leicht hügeligen Schotterweg weiter geradeaus folgen.

2 Wegkreuz 1,9 km 1.486 m

Rechts an einem Wegkreuz vorbei ~ dem Schild Richtung Heiligbaumboden, Stables, Goldseehütte bergauf folgen ~ ein Gatter passieren ~ kurz darauf an der T-Kreuzung auf Asphalt weiter bergauf Richtung Stables und Nauderer Schihütte, die sich oberhalb der Goldseehütte befindet ~ unter den Hochspannungsleitungen durch ~ links an einem Holzzaun entlang ~ an der folgenden Weggabelung beim Heiligenbaumboden rechts in einen

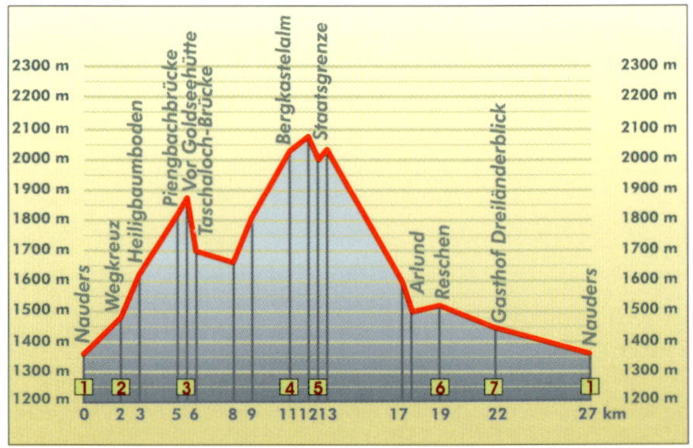

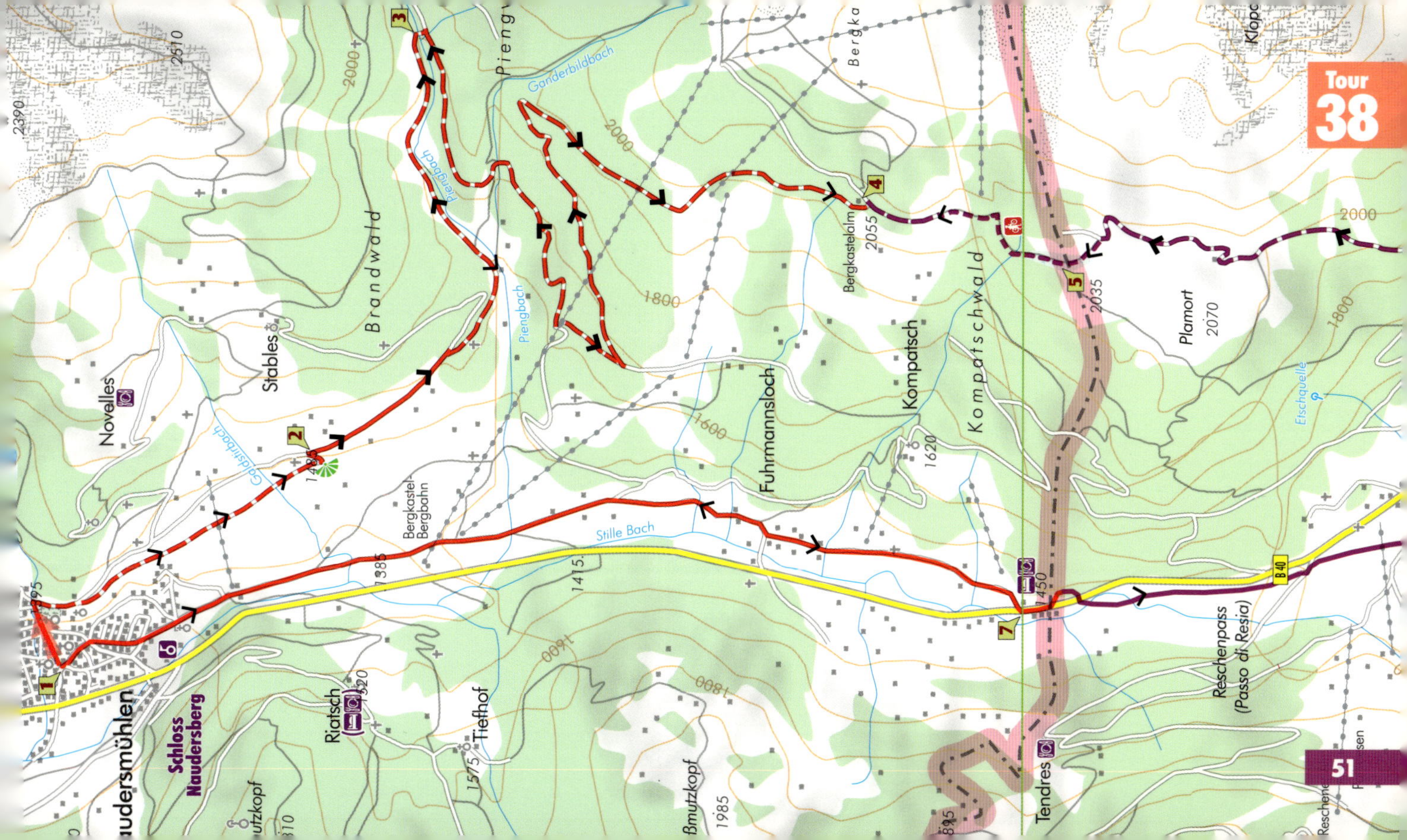
Brandwald
Stables
Novelles
Piengbach
Ganderbildbach
Bergkastelalm
2055
Bergkastel-Bergbahn
Stille Bach
Fuhrmannsloch
Kompatsch
Kompatschwald
Plamort
2070
2035
Etschquelle
Reschenpass
(Passo di Resia)
Tendres
1450
B40
Riatsch
1520
Tiefhof
1575
Schloss Naudersberg
1385
1415
1485
1620
1985
2000
1800
1600
2510
2390

Schotterweg abbiegen ~ geradeaus weiter Richtung Goldsee-hütte ~ den Piengbach überqueren.

3 Vor Goldseehütte 5,2 km 1.880 m

400 m vor der Goldseehütte rechts abbiegen ~ der breiten Schotterstraße bergab folgen ~ eine Brücke überqueren und durch eine Rechtskehre ~ dem Downhill auf Schotter weiter folgen ~ an der folgenden Weggabelung links weiter ~ bergauf weiter ~ die Seilbahntrasse queren ~ an der nächsten

Kreuzung links weiter bergauf ⇝ der Schotterpiste folgen ⇝ der Anstieg wird steiler ⇝ durch eine Rechtskehre ⇝ danach folgt eine S-Kehre.

4 Bergkastelalm 11,4 km 2.040 m

Rechts auf einem Traktorweg abbiegen ⇝ in Richtung großen Wegweiser auf der Ebene ⇝ ab hier Schiebestrecke ⇝ südlich liegt die Staatsgrenze an der ein Stacheldrahtzaun verläuft.

5 Staatsgrenze 12,7 km 2.000 m

Nach einem Durchgang suchen und die Grenze überqueren ⇝ danach in Richtung Schotterweg fahren, der hinter der Grenze erkennbar ist ⇝ es beginnt ein Downhill auf einer anfangs verwachsenen Militärstraße, die in eine Schotterstraße überwechselt ⇝ an den Kasernenruinen vorbei ⇝ schöner Ausblick auf den Reschensee bzw. auf den Ort Reschen ⇝ weiterhin Downhill auf Schotter ⇝ durch eine Linkskehre ⇝ weiter bergab und vorbei an der Klopair ⇝ in Arlund die Staatstraße überqueren und rechts in den Radweg neben dem See einbiegen.

6 Reschen 19,1 km 1.510 m

Ab hier Autoverkehr ⇝ beim Friedhof nach rechts abbiegen (ab jetzt immer den Schildern der Via Claudia Augusta folgen) entlang des asphaltierten Radwegs durch Wiesen, später unmittelbar neben der Staatsstraße ⇝ diese überqueren ⇝ hinter

den Gebäuden weiter ⇝ rechtshaltend über den Parkplatz vor dem Zollamt.

7 Hotel Dreiländerblick 22,0 km 1.450 m

Links vom Hotel beginnt der österreichische Teil des Radwegs ⇝ auf diesem zurück zum Ausgangspunkt in Nauders.

1 Nauders 26,8 km 1.360 m **s. S. 114**

Tour 39 **LEICHT+**

Durch den Muntwald

13 km **585 m**

Start/Ziel: Nauders
Wegstrecke: Nauders – Muntwald – Gamoralm – Muntwald – Parditschhof – Nauders
Wegbeschaffenheit: Asphalt 67%, Schotter 33%
Anfahrt/Parkplatz: Nauders
Kombitipp: Anbindung an die Tour 40.

Fahrtechnisch leichte und relativ kurze Streckentour, die auf dem Retourweg einen Abstecher zum Gasthof Parditschhof macht und somit der Streckenverlauf im Vergleich zum Hinweg leicht abweicht.

1 Nauders 0 km 1.360 m s. S. 114

Vom Brunnen am Postplatz links vorbei am Gasthof Löwen ~ bei der Spitalkirche rechts die Mittergasse bergauf bis zum Brunnen am Goaßplatz ~ links an der Pfarrkirche vorbei ~ danach links dem Wegweiser Richtung Parditschhof folgen ~ nach einem kurzen Flachstück rechts an einem Kreuz vorbei.

2 Weggabelung 1,6 km 1.510 m

An der folgenden Weggabelung rechts in einen naturbelassenen Traktorweg abbiegen ~ etwa 100 m danach ein Metallgatter passieren ~ nach einer scharfen Linkskurve weiter steil bergauf ~ rechts in eine Schotterstraße abbiegen ~ dem Forstweg Gamor bergauf folgen ~ nach einer Linkskehre folgt kurz darauf ein Rechtskehre ~ ein Holzgatter passieren ~ erneut durch ein Gatter ~ bei der Weggabelung bei km 4,5 links weiter ~ einen Weidezaun passieren ~ gleich darauf eine scharfe Linkskurve ~ an der Kreuzung bei km 5,3 rechts abbiegen ~ bei der nächsten Weggabelung links weiter bis zur Gamoralm, wo die Tour endet ~ ein schöner Aussichtspunkt.

3 Gamoralm 6,3 km 1.945 m

Die Strecke in umgekehrter Richtung zurückfahren ~ an der Weggabelung bei km 9,9 geradeaus weiter Richtung Parditschhof.

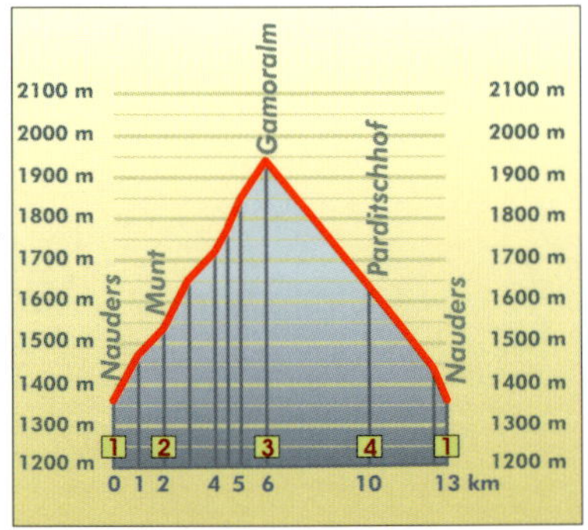

4	**Parditschhof 10,3 km** 1.645 m

PLZ: 6543; Vorwahl: ++43(0)5473

Jausenstation Parditsch, Nauders 165, ✆87339, ÖZ: Mi-Mo

Vor dem Parditschhof links abbiegen ~ bald darauf beginnt eine Asphaltstraße ~ bergab Richtung Nauders ~ links am Stadlwirt vorbei ~ vor der Pfarrkirche rechts abbiegen und zurück zum Postplatz.

1	**Nauders 13 km** 1.360 m	**s. S. 114**

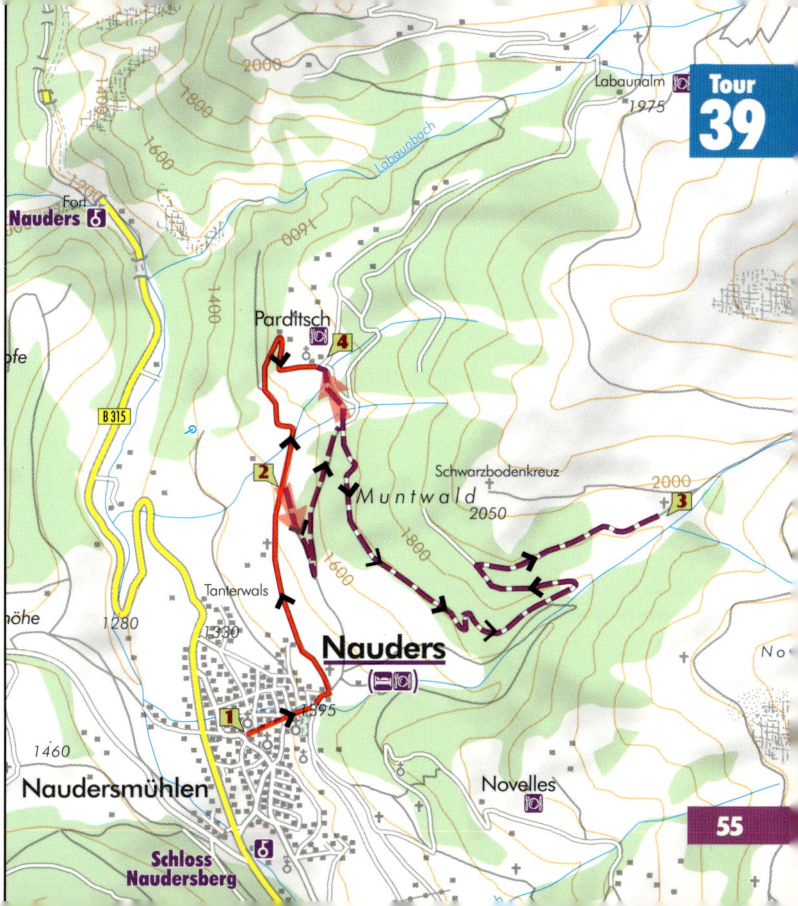

Tour 40 LEICHT+

Zur Labaunalm

10,8 km 620 m

Start/Ziel: Nauders
Wegstrecke: Nauders – Parditschhof – Labaunalm
Wegbeschaffenheit: Asphalt 49%, Schotter 51%
Anfahrt/Parkplatz: Nauders
Kombitipp: Anbindung an die Tour 39.

Fahrtechnisch leichte und relativ kurze Streckentour, die jedoch von den Höhenmetern her betrachtet nicht zu unterschätzen ist und bei der Labaunalm endet.

1 Nauders 0 km 1.360 m s. S. 114

Vom Brunnen am Postplatz links vorbei am Gasthof Löwen ⇝ bei der Spitalkirche rechts die Mittergasse bergauf bis zum Brunnen am Goaßplatz ⇝ links an der Pfarrkirche vorbei ⇝ links dem Wegweiser Richtung Parditschhof folgen ⇝ rechts bergauf und beim Stadlwirt vorbei

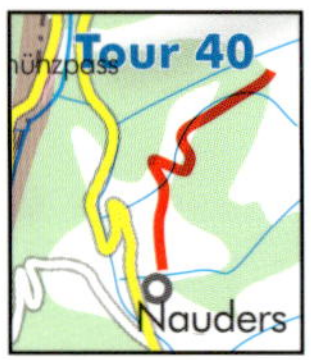

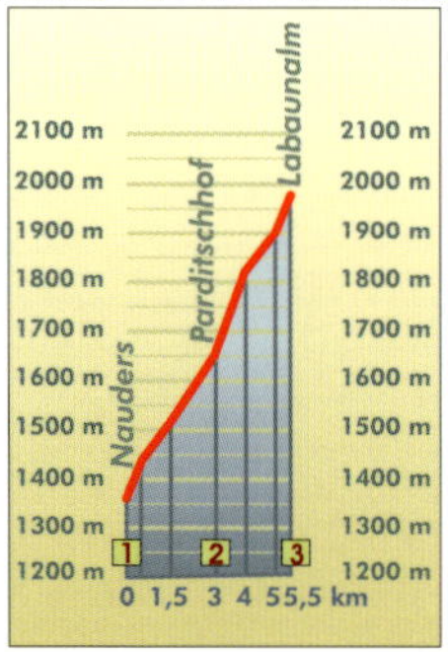

⇝ bei der folgenden Weggabelung links auf der Asphaltstraße zum Parditschhof weiter.

2 Parditschhof 2,7 km 1.640 m

Am Parditschhof rechts vorbei ⇝ beim zweiten Weg links abbiegen und auf der Schotterstraße bergauf folgen ⇝ den links abzweigenden Weg nicht beachten ⇝ ebenfalls an einem links abzweigenden Traktorweg vorbei und geradeaus weiter ⇝ geradeaus weiter ⇝ an der Weggabelung bei km 5 rechts weiter bergauf.

3 Labaunalm 5,4 km 1.980 m

Bei der Jausenstation Labaunalm umkehren und die Strecke in umgekehrter Richtung zurückfahren.

2 Parditschhof 8 km 1.640 m s. S. 37

Der Asphaltstraße bergab Richtung Nauders folgen.

1 Nauders 10,8 km 1.360 m s. S. 114

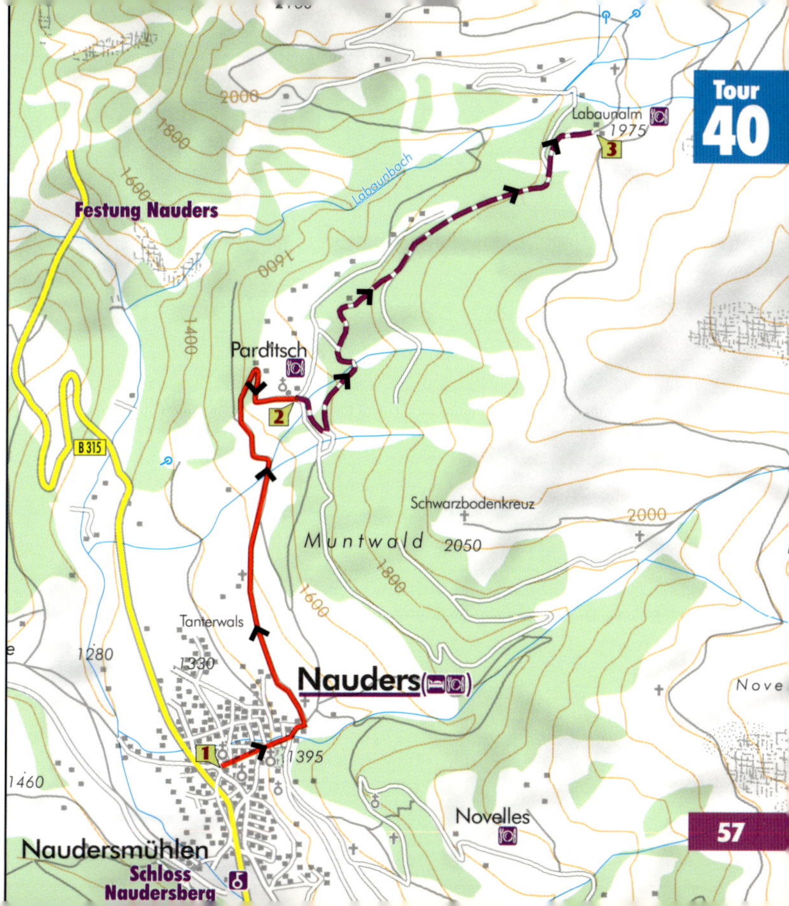

Tour 41 — MITTEL

Schwarzseerunde

15,7 km 556 m

Start/Ziel: Nauders
Wegstrecke: Nauders – Gasthof Norbertshöhe – Maaßwald – Cha d'God – Palü d'Alp – Palü d'Lunga – Schwarzsee – Tiefhof – Nauders
Wegbeschaffenheit: Asphalt 6%, Schotter 77%, Trail 17%
Anfahrt/Parkplatz: Nauders
Hinweis: Rundtour gegen den Uhrzeigersinn.
Kombitipp: Anbindung an die Touren 35 und 42.

Landschaftlich schöne Rundtour zu einem Bergsee mit fahrtechnisch schwierigen Downhillpassagen, die nur für Könner fahrbar sind.

1 Nauders 0 km 1.360 m s. S. 114

Startpunkt beim Brunnen am Postplatz ⤳ rechts am Hotel Post vorbei und der Dr.-Tschiggfrey-Straße entlang ⤳ links abzweigen und den Radschildern Richtung Lochmühle folgen ⤳ links am Tennisplatz vorbei ⤳ die Reschenstraße

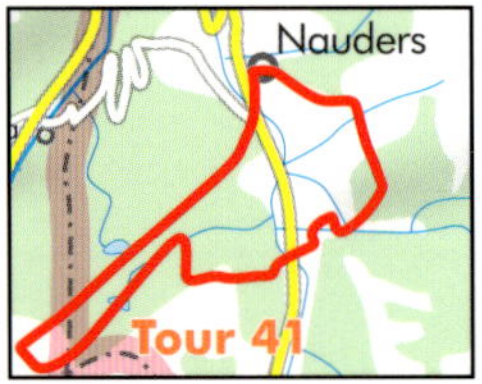

überqueren und links weiter Richtung Norbertshöhe ⤳ rechts am Haus Kroner weiter vorbei ⤳ auf einem unbefestigte Weg leicht bergab ⤳ an einem Wegkreuz vorbei ⤳ eine Brücke überqueren ⤳ auf einem schmalem Pfad weiter ⤳ an der folgenden Weggabelung links bergauf ⤳ kurze Trage- bzw. Schiebestrecke ⤳ den Wiesenpfad bis zu einer T-Kreuzung folgen ⤳ rechts zum Gasthof Norbertshöhe abbiegen ⤳ danach verbreitert sich der Weg ⤳ an der darauffolgenden Kreuzung links abbiegen und kurz danach links dem Radschild folgen ⤳ weiter bis zum Sportplatz des FC Nauders.

2 Gasthof Norbertshöhe 1,7 km 1.406 m

Beim Gasthof links in eine Schotterstraße abbiegen ⤳ geradeaus, leicht steigend weiter ⤳ bei km 2,0 links an einem Wohnhaus vorbei ⤳ etwa 100 m darauf eine Rechtskurve, steil bergauf Richtung Plan da la Scorsa ⤳ bei km 2,6 geradeaus weiter und durch ein eisernes Tor ⤳ unmittelbar danach folgt eine leichte Steigung ⤳ bei km 3,0 ein Weidetor passieren

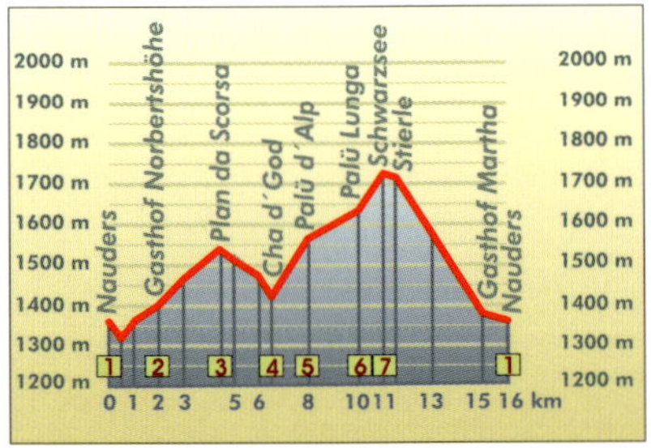

~ danach wird der Weg wieder eben ~ nach 200 m beginnt eine leichte Steigung ~ nach weiteren 200 m endet die Schotterstraße ~ links befindet sich ein Holzkreuz ~ links auf einen stark steigenden Traktorweg abbiegen.

3 Plan da la Scorsa 4,6 km 1.540 m

Bei km 4,7 leichter Anstieg ~ 200 m danach beginnt der Pfad stark zu fallen ~ bei km 5,2 endet der Pfad ~ 300 m danach eine kleine Holzbrücke überqueren ~ kurz darauf beginnt der Weg leicht zu fallen ~ 200 m weiter über eine Holzbrücke, der Weg wird eben.

4 Cha d'God 6,6 km 1.420 m

Hier wieder eine Bachquerung über eine Holzbrücke ~ bei km 7,1 links zum Schwarzsee abbiegen ~ steil bergauf ~ Querung des Wanderweges nach Sclamischot, gerade, steil bergauf weiter ~ es folgt eine scharfe Linkskurve, Richtung Schwarzer See, den Weg geradeaus nicht benützen.

5 Palü d`Alp 8,2 km 1.560 m

Gerade, leicht steigend weiter in Richtung Schwarzer See ~ bei km 9,0 wird der Weg eben ~ bei km 9,5 unter einer Hochspannungsleitung durch.

6 Palü Lunga 9,7 km 1.636 m

Ein Pfad beginnt ~ bei km 9,8 eine ca. 100 m lange Holztreppe über eine sumpfige Wiese ~ danach folgt ein schlechter Pfad (teilweise Schiebestrecke) ~ bei km 10,4 (1.670 m) rechts abbiegen in Richtung Schwarzer See, Schild Achtung Staatsgrenze ~ bei km 10,5 rechts abbiegen Richtung Schwarzer See ~ bei km 10,6 befindet sich ein kurzer Holzsteg, auf dem man eine sumpfige Wiese überquert ~ bei km 10,8 links abbiegen in Richtung Schwarzer See.

7 Schwarzsee 10,9 km 1.726 m

Beginn des Schwarzsees, auf dem linken Ufer auf einem ebenen Traktorweg weiter ~ bei km 11,2 gerade am Seeufer entlang ~ auf einer Forststraße bergab mit einer kurzen Gegensteigung Richtung Riatsch/Nauders ~ bei der darauffolgenden Weggabelung geradeaus ~ zwei Kehren durch den schönen Hochwald ~ rechts vom Bach der Schotterstraße steil bergab folgen.

8 Kreuzung vor dem Tiefhof 12,7 km 1.573 m

Es folgt ein anspruchvoller Downhill auf einem wurzelgespickten Wanderpfad ~ die Landstraße überqueren ~ auf einem Wiesenweg weiter Richtung Nauders ~ über die Bachbrücke ~ links auf die Alte Straße abbiegen ~ am Schloss Naudersberg vorbei und zurück zum Ausgangspunkt.

1 Nauders 15,7 km 1.360 m **s. S. 114**

Nauders
Norbertshöhe
Naudersmühlen
Schloss Naudersberg
Novelles
Stables
Kleinmutzkopf
1810
Martawald
Riatsch
1520
1485
1385
1395
1460
1330
1440
1800
1200
1400
Hof da Munts
Mundaditschas
Zollamt
1035
Martina
Chasura
1050
Chaflur
1060
Sclamischot
Cha d' God
545
1685
Hochegg
1575
Tiefhof
Bergkastel-Bergbahn
Schwarzsee
1600
1780
Tietwald
Großmutzkopf
1985
Grünsee
1415
Stille Bach
Fuhrmannsloch
Goldstirbach
1
2
3
4
5
6
7
8

Tour 42 SCHWER

Tour 42

Schweizrunde

32,5 km 1.245 m

Start/Ziel: Nauders

Wegstrecke: Nauders – Gasthof Norbertshöhe – Martina – Vadrain – Tschlin – Strada – Sclamischot – Martawald – Nauders

Wegbeschaffenheit: Asphalt 28%, Schotter 63%, Trail 9%

Anfahrt/Parkplatz: Nauders

Hinweis: Rundtour gegen den Uhrzeigersinn. Den Pass nicht vergessen, da an der Grenze zur Schweiz Kontrollen durchgeführt werden.

Kombitipp: Anbindung an die Tour 41.

Im Vergleich zu den anderen Routen eine etwas längere Rundtour, die zur Hälfte in der Schweiz verläuft und einige interessante Downhills aufzuweisen hat.

1 Nauders 0 km 1.360 m s. S. 114

Startpunkt beim Brunnen am Postplatz ⁓ rechts am Hotel Post vorbei und der Dr.-Tschiggfrey-Straße folgen ⁓ links abzweigen und den Radschildern Richtung Lochmühle folgen ⁓ links am Tennisplatz vorbei ⁓ die Reschenstraße überqueren und links weiter Richtung Norbertshöhe ⁓ rechts am Haus Kroner weiter vorbei ⁓ auf einem unbefestigte Weg leicht bergab ⁓ an einem Wegkreuz vorbei ⁓ eine Brücke überqueren ⁓ auf einem schmalen Pfad weiter ⁓ an der folgenden Weggabelung links bergauf ⁓ kurze Trage- bzw. Schiebestrecke ⁓ den Wiesenpfad bis zur T-Kreuzung folgen ⁓ rechts zum Gasthof Norbertshöhe abbiegen

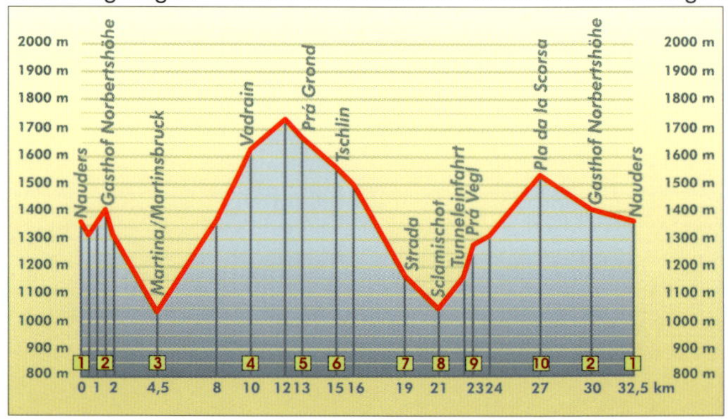

⤳ danach verbreitert sich der Weg ⤳ an der darauffolgenden Kreuzung links abbiegen und kurz danach links dem Radschild folgen ⤳ weiter bis zum Sportplatz des FC Nauders.

2 Gasthof Norbertshöhe 1,7 km 1.406 m

Auf der Asphaltstraße am Gasthof Norbertshöhe vorbei ⤳ nach dem Gasthof links in den Waldweg Richtung Martinsbruck einbiegen ⤳ dem unebenen, schmalen Weg bis zur Asphaltstraße folgen ⤳ die Straße überqueren und links dem Radschild Richtung Martinsbruck folgen ⤳ erneut dem steilen, schmalen Waldweg bergab folgen ⤳ an einem Wegkreuz vorbei ⤳ auf der Asphaltstraße weiter Richtung Martinsbruck ⤳ kurz darauf rechts in einen schmalen Pfad abbiegen ⤳ danach wieder die Asphaltstraße überqueren ⤳ dem Radschild zum schmalen Pfad folgen ⤳ am Zollgebäude vorbei ⤳ rechts die Innbrücke überqueren ⤳ unmittelbar danach wieder rechts und am Schweizer Zollamt vorbei.

3 Martina - Grenzübergang 4,6 km 1.035 m

Etwa 200 m nach dem Schweizer Zollamt rechts Richtung Vadrain abbiegen ⤳ der teilweise unebenen, asphaltierten Straße folgen ⤳ nach dem Ortsende von Martina ist die Straße für KFZ gesperrt ⤳ den Schildern Richtung Vadrain folgen ⤳ mehreren spitzwinkeligen Kurven bergauf folgen ⤳ bei km 2,8 an der Weggabelung rechts abbiegen ⤳ der Schotterstraße bergauf folgen ⤳ an einer Lastenseilbahn vorbei bis zur Kreuzung.

4 Kreuzung vor Vadrain 9,7 km 1.630 m

Weiter Richtung Tschlin, Motta Mundin und Alp Tea auf der unbefestigten Schotterstraße ⤳ an der Weggabelung bei km 10,7 links nach Prá Grond bzw. Tschlin abbiegen ⤳ auf einem naturbelassenen Pfad zunächst bergauf ⤳ danach folgt eine kurze Abfahrt ⤳ der Pfad wird breiter und verläuft leicht hügelig ⤳ rechts an einem Heustadel vorbei ⤳ bei Mundaditschas ein Gatter passieren ⤳ kurz darauf über eine kleine Holzbrücke den Bach überqueren.

5 Prá Grond 13,3 km 1.672 m

An der Kreuzung Prá Grond links abbiegen und der Schotterstraße bergab folgen ⤳ an den folgenden Weggabelungen immer Richtung Tschlin abbiegen ⤳ links eine Brücke überqueren ⤳ danach auf einem kurzen Asphaltstück weiter.

6 Tschlin 15,1 km 1.533 m

In Tschlin rechts an der Kirche vorbei ⤳ auf dem Kopfsteinpflaster steil bergab durch den Ort ⤳ danach auf einer Asphaltstraße weiter ⤳ bei den Wegweisern links in einen Schotterweg abbiegen ⤳ kurvig, bergab nach Chaflur ⤳ in Chaflur nach dem Downhill rechts abbiegen ⤳ den Ort verlassen und der Asphaltstraße folgen ⤳ am Friedhof vorbei.

7 Strada 18,7 km 1.073 m

An der Hauptstraße links weiter ⁓ bei km 19,5 rechts auf den Schotterweg zum Inn abbiegen ⁓ danach links weiter dem Inn entlang Richtung Martina ⁓ bei km 20,4 zur überdachten Holzbrücke rechts abbiegen und den Inn überqueren ⁓ nach der Brücke links abbiegen und auf der ebenen Asphaltstraße Richtung Nauders weiter ⁓ nach 200 m folgt eine Weggabelung ⁓ dort links Richtung Nauders abbiegen.

8 Sclamischot 21,1 km 1.049 m

Nach rechts auf die leicht steigende Schotterstraße Richtung Nauders abbiegen, allgemeines Fahrverbot ⁓ 100 m danach steil bergauf ⁓ etwa 300 m weiter nur mehr leicht bergauf ⁓ danach wieder steiler bergauf ⁓ bei km 22,5 Beginn eines 200 m langen, unbeleuchteten Tunnels ⁓ bei km 23 eine scharfe Rechtskurve, leicht bergauf ⁓ danach steil bergauf.

9 Prá Vegl 23,4 km 1.280 m

Die Hütte Prá Vegl auf der linken Seite ⁓ bei km 23,7 eine scharfe Linkskurve, steil bergauf, den geraden, ebenen Weg nicht benützen ⁓ bei km 24,1 Bachquerung auf einer Betonbrücke ⁓ bei km 24,7 gerade, auf einem leicht steigenden Traktorweg Richtung Norbertshöhe, nicht nach rechts zum Schwarzen See ⁓ bei km 25,2 Bachquerung auf einer Holzbrücke ⁓ 200 m danach wieder eine Holzbrücke, der Weg wird eben ⁓ bei km 25,8 beginnt der Weg leicht zu steigen ⁓ 300 m danach eine kleine Holzbrücke überqueren ⁓ bei km 26,6 beginnt ein Pfad, leicht bergab ⁓ 200 m danach steigt der Pfad stark an ⁓ bei km 27,1 leichtes Gefälle.

10 Plan da la Scorsa 27,2 km 1.540 m

Rechts auf einen stark fallenden Traktorweg abbiegen ⁓ nach 200 m ein Holzkreuz auf der rechten Seite und eine ebene Schotterstraße beginnt ⁓ weitere 200 m später, leichtes Gefälle ⁓ danach wird der Weg wieder eben ⁓ bei km 28,8 ein Weidetor passieren ⁓ unmittelbar darauf folgt ein leichtes Gefälle ⁓ bei km 29,2 geradeaus, durch ein eisernes Tor ⁓ etwa 100 m darauf eine Linkskurve, steil bergab Richtung Nauders, Gasthof Norbertshöhe ⁓ bei km 29,8 rechts an einem Wohnhaus vorbei, geradeaus, leicht fallend weiter.

2 Gasthof Norbertshöhe 30,1 km 1.406 m

Beim Gasthaus rechts in die Asphaltstraße Richtung Nauders abbiegen ⁓ bergab bis nach Naudersmühlen ⁓ bei km 31,9 nach links abzweigen ⁓ bergauf bis zum Hotel Almhof ⁓ dort links abbiegen und zurück zum Postplatz.

1 Nauders 32,5 km 1.360 m s. S. 114

Motta d´Alp
2110
Vadrain
1590
Schöpfwarte
1030
1440
Norbertshöhe
1280
Tanterwals
1330
Nauders
1395
1460
Naudersmühlen
Schloss Naudersberg
Plan da Gisep
Hof da Munts
Cludra
Mundaditschas
1800
1200
1400
Zollamt
1035
Martina
Kleinmutzkopf
1810
1670
Martawald
Riatsch
1520
1385
1545
1685
Bergkastel Bergbahn
Hochegg
1575
Tiefhof
1560
1535
Chasura
1050
Sclamischot
Schwarzsee
1600
1415
Chaflur
1060
1780
Tietwald
Strada
Cha d´God
Grünsee
Großmutzkopf
1985
1
2
3
4
5
6
7
8
9
10

Tourengebiet Reschen

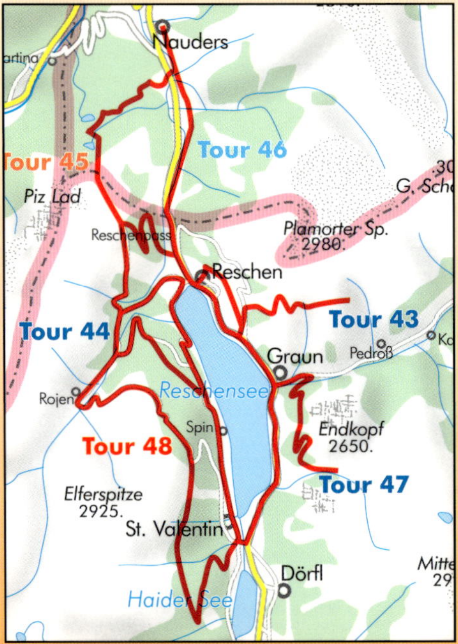

Tour 43 **LEICHT+**

Zur Rossbödenalm

18,4 km **851 m**

Start/Ziel: Reschen
Wegstrecke: Reschen – Klopair – Rossbödenalm – Arlund – Reschen
Wegbeschaffenheit: Asphalt 18%, Schotter 80%, Trails 2%
Anfahrt/Parkplatz: Reschen
Kombitipp: Anbindung an die Touren 46 und 47.

Relativ kurze Streckentour zur Rossbödenalm, die einen herrlichen Blick auf den Reschensee und die angrenzende Bergwelt bietet.

1 Reschen 0 km 1.513 m

PLZ: 39027; Vorwahl: +39(0)473

Tourismusverein Vinschgauer Oberland, ✆737092 (St. Valentin) od. ✆737090 (Reschen)

Sport Folie, Hauptstr. 32, ✆633155

Sport Winkler, Hauptstr. 24, ✆633126

Der Reschensee wurde im Jahr 1949 zur Stromgewinnung angelegt. Damals fiel der Überflutung des Talbodens zwischen St. Valentin und Reschen das gesamte Dorf Graun zum Opfer. Nur der vielbestaunte Turm der Grauner Pfarrkirche ragt malerisch aus den Fluten des Sees heraus. Das heutige Dorf Graun siedelte sich dann in den Fünfziger Jahren des vorigen Jahrhunderts wieder am Ufer des Sees an.

Am Ortsanfang von Reschen, vom Reschenpass aus gesehen, die Abzweigung nach rechts Richtung Rojental bzw. Froi nicht beachten ~ bei der Carabinieri-Kaserne links abbiegen und dem Weg bergauf zur Etschquelle folgen ~ beim Kreuz links abbiegen ~ 200 m danach im spitzen Winkel rechts abbiegen ~ an der Etschquelle vorbei und der Forststraße weiter bergauf folgen ~ nach einer scharfen Linkskurve weiter steil bergauf ~ kurz darauf folgt eine scharfe Rechtskurve ~ bei der nächsten Kreuzung den Weg links Richtung Plamort nicht beachten und geradeaus weiter ~ nach einem kurzen Downhill links in einen Traktorweg abbiegen und die beiden rechts abzweigenden Wege nicht beachten ~ danach folgt ein steilerer Abschnitt ~ schließlich nimmt die Steigung wieder ab ~ kurzer Downhill ~ die Forststraße endet und geht in einen Wanderpfad über ~ kurze Schiebestrecke bis zur Klopair ~ durch eine Scheune und den Bauernhof überqueren.

2 Klopair 2,5 km 1.644 m

Danach ein kurzes Stück auf einer Schotterstraße ~ anschließender Downhill auf Asphalt ~ einen Weiderost überqueren ~ danach links abbiegen und weiter bergauf ~ nach 130 m folgt eine Linkskehre ~ nach weiteren 600 m an der Weggabelung rechts abbiegen und bergauf weiter ~ der breiten Schotterstraße, die sich in Serpentinen den Grauner Berg hinaufschlängelt folgen ~ über einen Weiderost ~ an der folgenden Weggabelung links weiter ~ durch eine Linkskehre an der ersten Alm vorbei ~ die Steigung nimmt etwas ab ~ der Schotterstraße bis zur Rossbödenalm folgen.

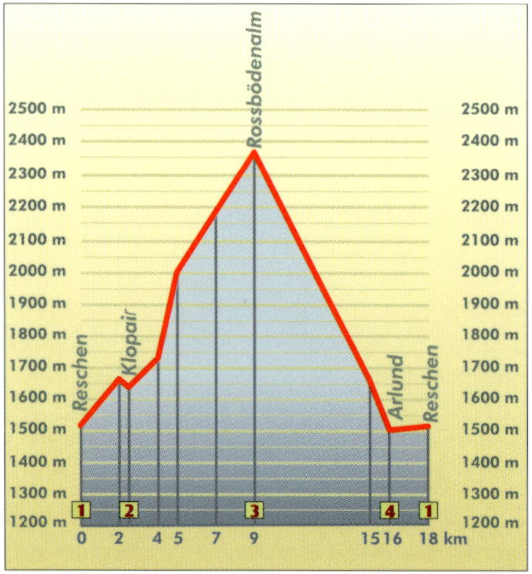

3 Rossbödenalm 9,1 km 2.365 m

Die Schotterstraße in umgekehrter Richtung zurückfahren ~ am Weiderost nach der Klopair vorbei und bergab durch eine Linkskehre bis zur Staatsstraße.

4 Arlund 16,0 km 1.500 m

Die Staatsstraße überqueren ~ rechts auf dem Radweg dem Seeufer entlang nach Reschen ~ kurzes Stück auf Schotter ~ nach dem Bootshafen links auf Asphalt weiter ~ am Friedhof

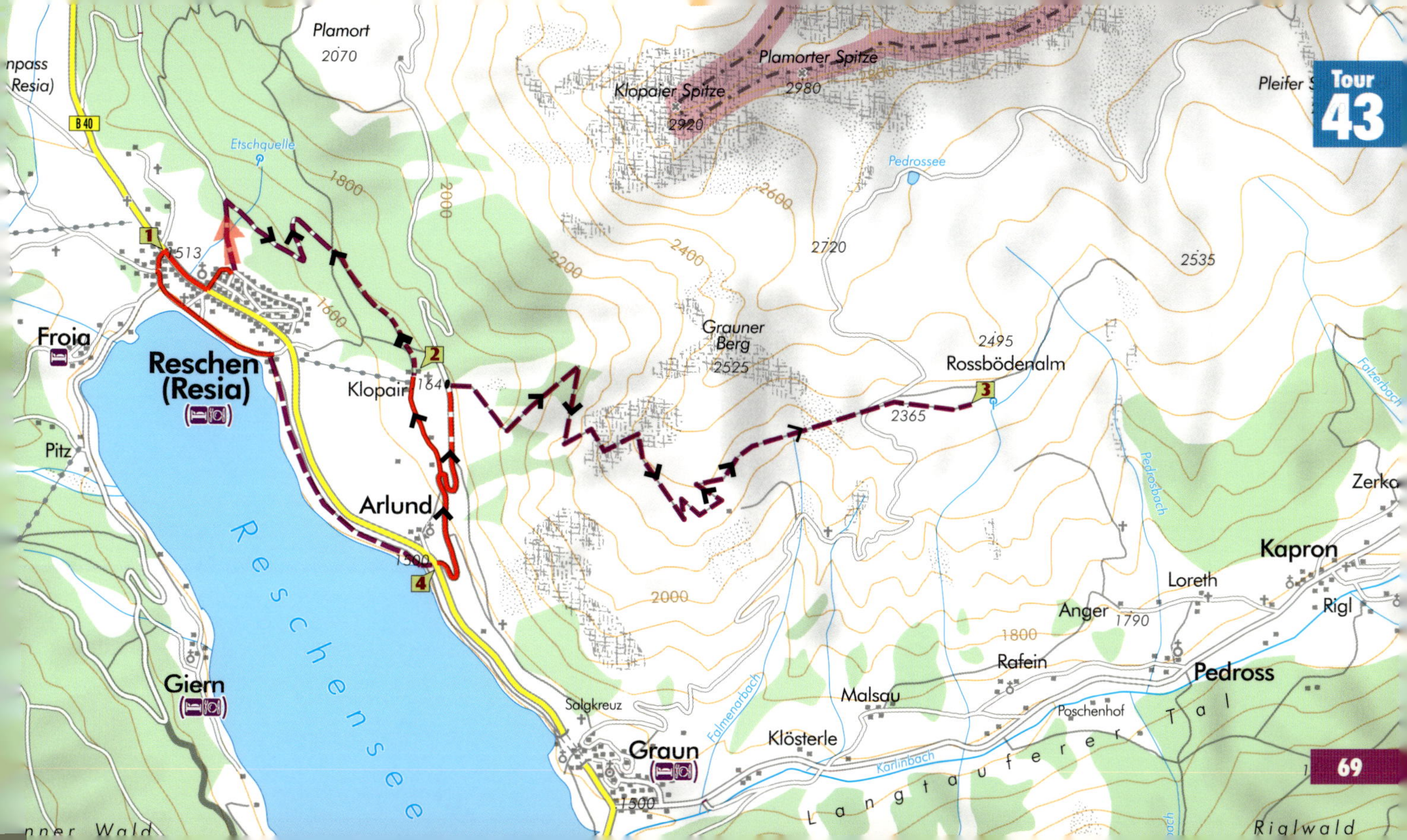
Plamort
2070
npass
Resia)
B 40
Etschquelle
1800
2000
Klopaier Spitze
2920
Plamorter Spitze
2980
2800
Pleifer S
Pedrossee
2600
2400
2200
2720
2535
1513
1600
Froia
Reschen
(Resia)
Klopair
164
Grauner
Berg
2525
2495
Rossbödenalm
2365
Falzerbach
Pitz
Pedrosbach
Zerka
Arlund
Reschensee
1500
2000
Kapron
Loreth
Anger
1790
Rigl
1800
Rafein
Pedross
Giern
Malsau
Salgkreuz
Poschenhof
Falmenarbach
Klösterle
Graun
Karlinbach
Langtauferer Tal
1500
nner Wald
Rigalwald

vorbei ~ danach rechts abzweigen und zurück zum Startpunkt der Tour.

1	Reschen 18,4 km 1.513 m	s. S. 69

Tour 44 **LEICHT+**

Unterspinrunde

19,7 km 592 m

Start/Ziel: Reschen
Wegstrecke: Reschen – Unterspin – Reschenalpe – Reschen
Wegbeschaffenheit: Asphalt 43%, Schotter 57%
Anfahrt/Parkplatz: Reschen
Hinweis: Rundtour im Uhrzeigersinn
Kombitipp: Anbindung an die Touren 45, 46 und 48.

Nicht allzu lange Rundtour, die an die Fahrtechnik so gut wie keine Ansprüche stellt und auch an die Kondition geringe Anforderungen stellt. Abschnittsweise belohnt die Tour mit einem schönen Ausblick auf den Reschensee.

1 Reschen 0 km 1.513 m s. S. 67

Startpunkt der Tour in bei der Carabinieri-Kaserne ~ mit der Kaserne im Rücken links bergab nach Alt Reschen fahren ~ am Gasthof Schwarzer Adler vorbei ~ nach 100 m beim Bauernhof mit dem großen Kreuz an der Wand geradeaus weiter ~ am See entlang, an einer Lifttalstation vorbei ~ steil ansteigend durch 2 Kehren ~ in der nächsten Rechtskehre (Beschilderung Rojental) gerade weiter ~ eben bis leicht fallend durch dichten Wald weiter ~ oberhalb von Spin vorbei.

2 Weggabelung gegenüber vom Abzweig zum Spinhof 5,2 km 1.595 m

Rechts in eine Forststraße einbiegen und dieser bergauf folgen ~ bei der folgenden Weggabelung den links abzweigenden Weg nicht beachten ~ rechts an einem Kreuz und gleichzeitig links an einem Heustadel vorbei ~ bei einer Weggabelung rechts weiter ~ nur mäßige Steigung ~ einen kleinen Holzlagerplatz überqueren ~ an der folgenden Kreuzung rechts abbiegen ~ kurz danach ein Flachstück ~ unter einem Lift durch ~ eine Schipiste

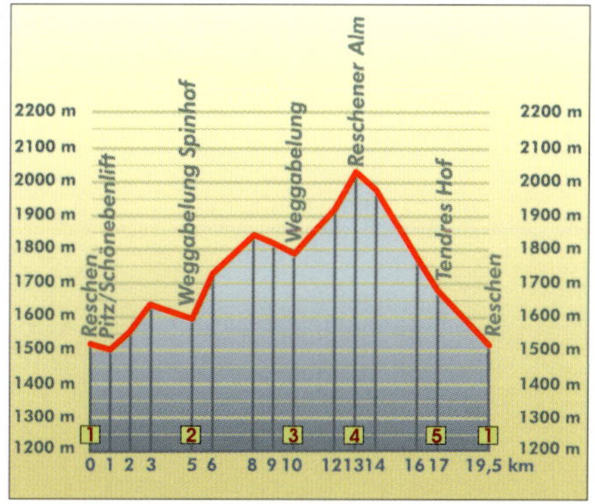

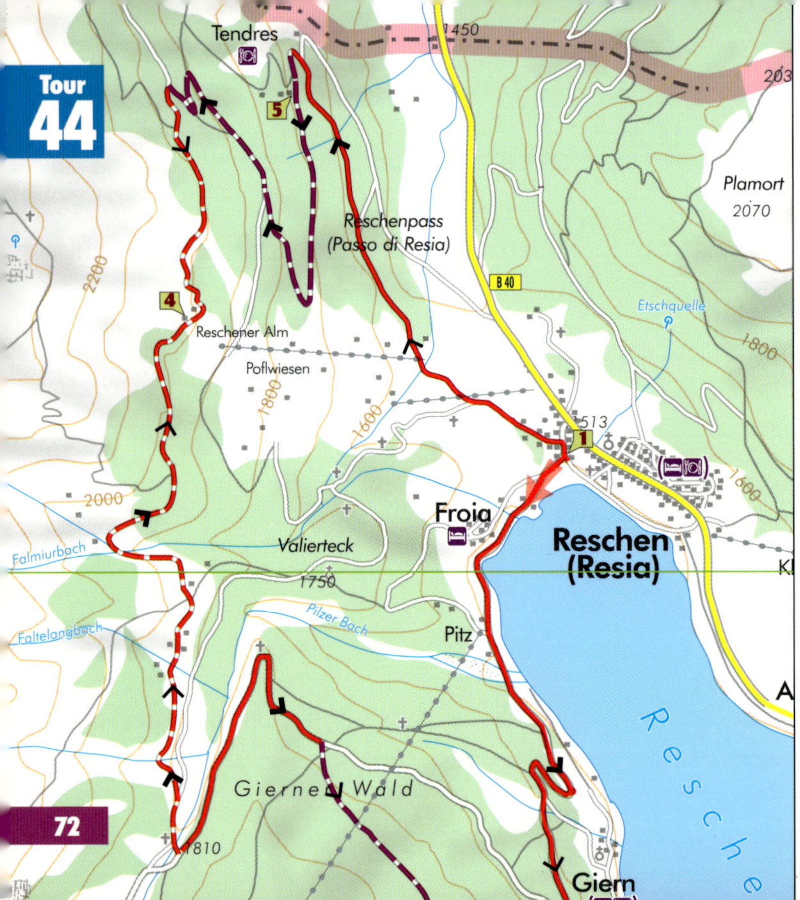

überqueren ~ danach wird das Gefälle etwas steiler ~ links in eine Asphaltstraße abbiegen ~ kurz bergauf weiter ~ eine Linkskehre, es folgt ein Flachstück ~ Abzweigung rechts auf einen Schotterweg ~ über eine Bachbrücke, Richtung Piz Lad bzw. Reschener Alm.

3 Weggabelung 10,3 km 1.792 m

Geradeaus weiter über die Reschenalpe ~ zwei Brücken hintereinander überqueren ~ schöner Blick auf den Reschensee ~ durch ein Gatter ~ eine Stromsperre passieren ~ bergauf weiter bis zur Reschener Alm.

4 Reschener Alm 13,0 km 2.023 m

An der Alm rechts vorbei und durch die Linkskehre ~ es folgt eine Engstelle ~ Übergang in einen Downhill auf Schotter ~ an zwei aufeinander folgenden Weggabelungen jeweils rechts abbiegen ~ vor den Kasernen durch eine Rechtskehre bergab ~ eine Linkskehre mit Blick auf Reschen ~ unmittelbar nach einer Rechtskehre an der Weggabelung geradeaus auf einer Asphaltstraße weiter bergab.

5 Tendres Hof 17,3 km 1.676 m

Rechts am Tendres-Hof vorbei ~ den links abzweigenden Weg nicht beachten und geradeaus bergab weiter ~ bei der folgenden Weggabelung links an einem Kreuz vorbei und ge-

radeaus weiter Richtung Reschen ⇝ ein kurzes Stück auf einem Fahrradstreifen ⇝ danach links abbiegen und wieder zurück zur Staatsstraße.

1 Reschen 19,7 km 1.513 m **s. S. 69**

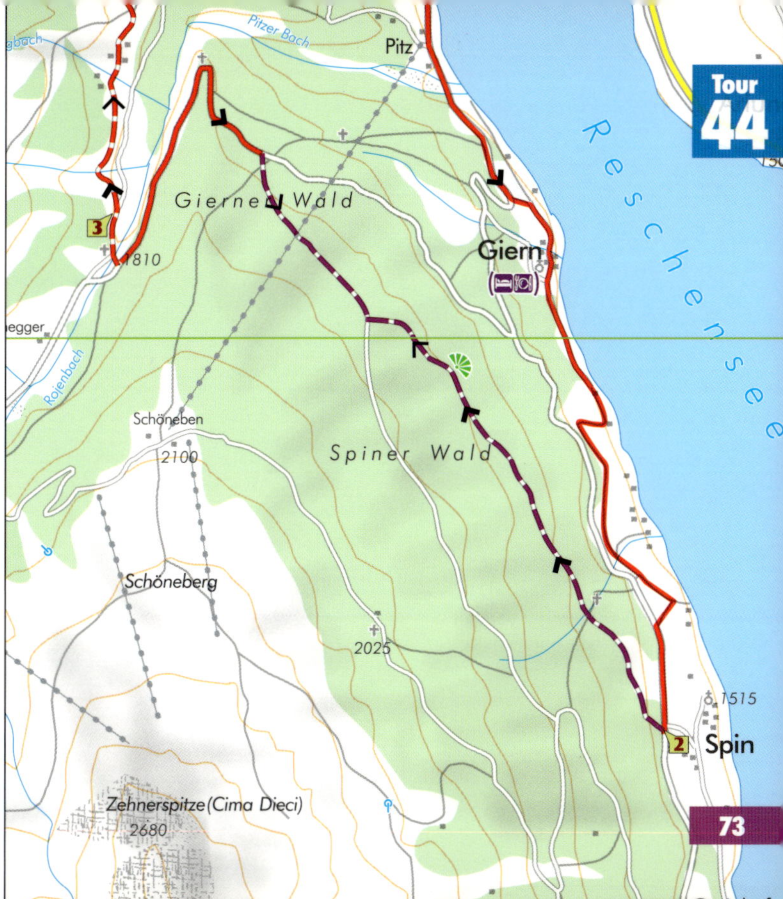

Tour 45 MITTEL

Grünseetour

16,0 km 529 m

Start: Reschen
Ziel: Nauders
Wegstrecke: Reschen – Fallierteck – Reschenalpe – Grünsee – Tiefhof – Nauders
Wegbeschaffenheit: Asphalt 21%, Schotter 58%, Trails 21%
Anfahrt/Parkplatz: Nauders
Kombitipp: Anbindung an die Touren 35 und 41.

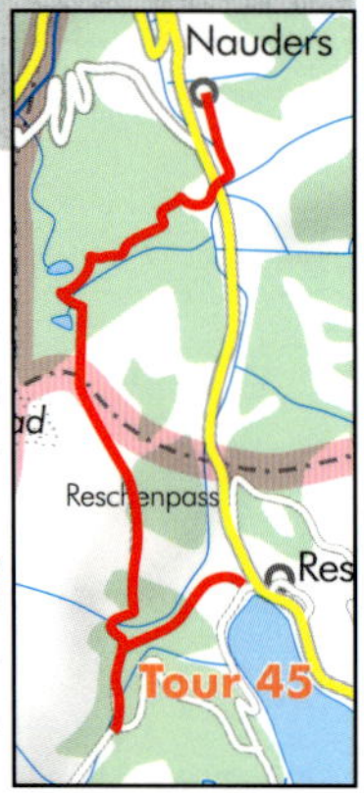

Diese Streckentour führt von Italien nach Österreich am Piz Lad, dem Dreiländereck und dem idyllischen Grünsee vorbei. Kurz vorm Ziel der Tour in Nauders ist ein etwas anspruchsvoller Downhill zu bewältigen.

1 Reschen 0 km 1.513 m s. S. 67

Startpunkt der Tour in bei der Carabinieri-Kaserne ⁓ mit der Kaserne im Rücken bergab nach Alt Reschen fahren ⁓ am Gasthof Schwarzer Adler vorbei ⁓ nach 100 m beim Bauernhof mit dem großen Kreuz an der Wand rechts abbiegen ⁓ ein kurzes Stück auf einem Radweg ⁓ bei km 0,6 an der Weggabelung mit dem Kreuz links Richtung Reschener Alm abbiegen ⁓ auf dem asphaltierten Kreuzweg bergauf ⁓ in einigen Kehren zur Kapelle Fallierteck.

2 Kapelle Valierteck 2,5 km 1.749 m

Rechts an der Kapelle vorbei ⁓ unmittelbar danach Beginn einer Schotterstraße ⁓ kurze steilere Passage ⁓ an der folgenden Kreuzung links auf einer Forststraße weiter, den Abzweig nach rechts nicht beachten ⁓ der Forststraße stetig bergauf folgen ⁓ eine kleine Holzbrücke überqueren ⁓ an der folgenden Weggabelung rechts in einen breiteren Forstweg abbiegen.

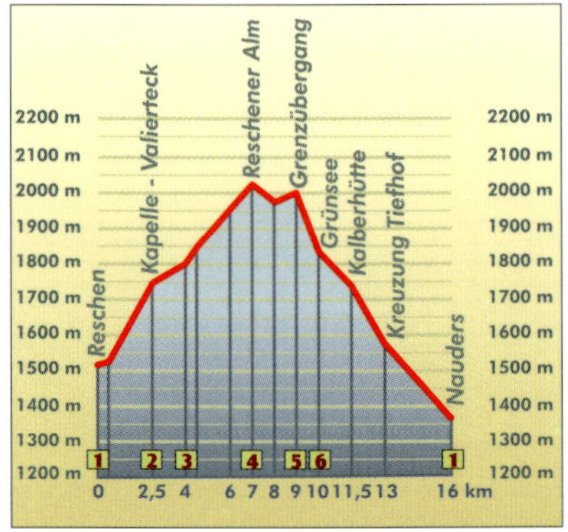

3 Weggabelung 3,9 km 1.792 m

Geradeaus weiter über die Reschenalpe ~ zwei Brücken hintereinander überqueren ~ bei km 4,8 schöner Blick auf den Reschensee ~ bei km 5,3 durch ein Gatter ~ bei km 6,3 eine Stromsperre passieren ~ bergauf weiter bis zur Reschener Alm.

4 Reschener Alm 6,8 km 2.023 m

An der Alm vorbei und durch die Linkskehre ~ es folgt eine Engstelle ~ Übergang in einen Downhill auf Schotter ~ an zwei aufeinander folgenden Weggabelungen jeweils rechts abbiegen ~ an Kasernenruinen vorbei ~ kurz vor der Grenze wieder rechts abbiegen.

5 Grenzübergang 8,8 km 2.000 m

Einmündung in einen Wanderpfad ~ diesem bergab folgen ~ über schmale Holzbrücken fahren ~ bei einer Weggabelung links bergab Richtung Grünsee.

6 Grünsee 10,4 km 1.836 m

Auf einem Traktorweg rechts vom Grünsee entlang ~ 200 m danach folgt eine Weggabelung, hier rechts abbiegen ~ links vom Bach entlang, steil bergab ~ bei der folgenden Abzweigung geradeaus weiter ~ an einer Wiese mit einem Jagdhaus vorbei ~ bei der nachfolgenden Forststraßengabelung rechts der abbiegen ~ mit zwei Kehren durch einen schönen Hochwald ~ rechts vom Bach der Schotterstraße steil bergab folgen.

7 Kreuzung vor dem Tiefhof 13,0 km 1.573 m

Es folgt ein anspruchvoller Downhill auf einem wurzelgespickten Wanderpfad ~ die Landstraße überqueren ~ auf einem Wiesenweg weiter Richtung Nauders ~ über die Bachbrücke ~ links auf die Alte Straße abbiegen ~ am Schloss Naudersberg vorbei und zurück zum Ausgangspunkt.

8	**Nauders** **16,0 km** 1.360 m	**s. S. 114**

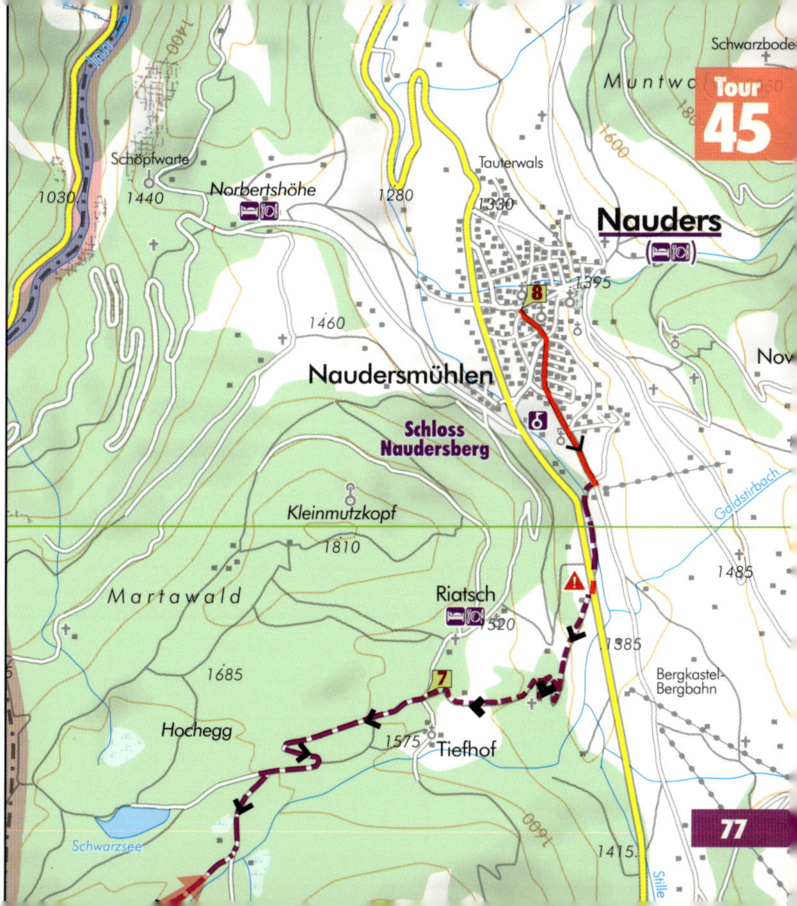

Tour 46 **LEICHT**

Rund um den Reschensee

30,8 km 285 m

Start/Ziel: Tourismusinfo Nauders

Wegstrecke: Nauders - Staatsgrenze- rechts vom Reschensee bis St. Valentin – Graun – Reschen - auf der Via Claudia Augusta zurück nach Nauders

Wegbeschaffenheit: Asphalt 86%, Schotterwege 14%

Hinweis: Rundtour gegen den Uhrzeigersinn.

Kombitipp: Anbindung an die Touren 47 und 48.

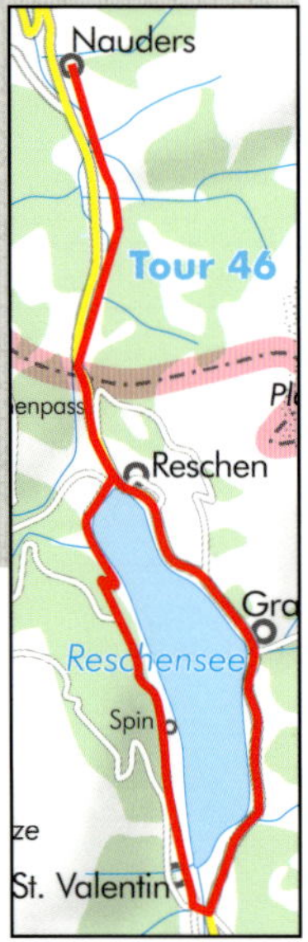

Die Rundtour um den Reschensee ist fahrtechnisch sowie konditionell leicht und daher auch gut für Kinder geeignet.

1 Tourismusinfo Nauders 0,0 km 1.394 m s. S. 114

Mit dem Rücken zur Info Start nach rechts Richtung Hotel Tia Monte ~ beim Kreisverkehr gerade weiter ~ nach 500 m folgt ein kurzes, geschottertes Wegstück, links an der Burg vorbei ~ leichter Anstieg rechts an einem Hotelhallenbad vorbei ~ immer der Via Claudia Augusta durch Wiesen folgen, links die Talstation des Schlossliftes.

2 Durchfahrt unter dem Lärchenhang-Sessellift 2,2 km 1.410 m

Später unter einer Hochspannungsleitung durch ~ nach einer Hofdurchfahrt gerade an einer Abzweigung vorbei.

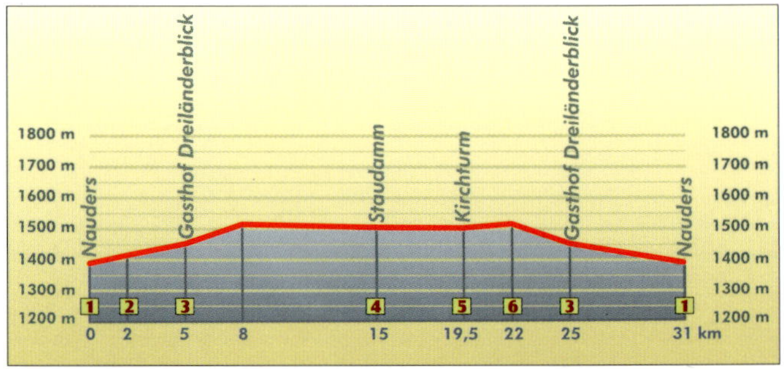

Tour 46

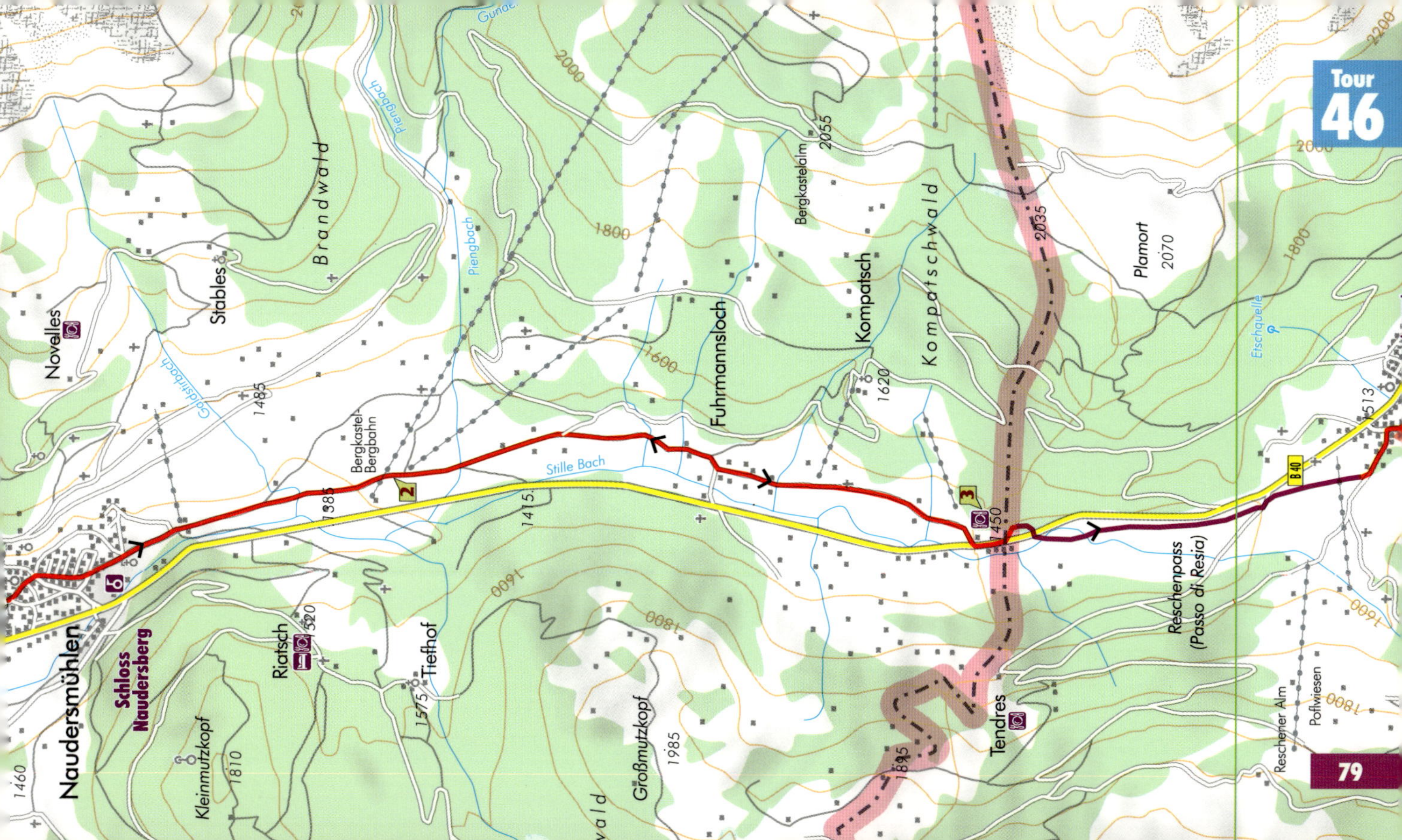
Naudersmühlen
Schloss Naudersberg
Novelles
Stables
Brandwald
Pienbach
Goldstrinbach
Bergkastel-Bergbahn
Stille Bach
Fuhrmannsloch
Kompatsch
Kompatschwald
Bergkastelalm
2055
Plamort
2070
2035
Etschquelle
Reschenpass (Passo di Resia)
B 40
Riatsch
Tiefhof
Kleinmutzkopf
1810
Großmutzkopf
1985
Tendres
Reschener Alm
Poflwiesen
1895
1460
1485
1385
1415
1450
1513
1520
1575
1620
1600
1800
2000
2200
2
3

Blick auf den Ortler

Reschensee
(Lago di Resia)
Graun
Arlund
Reschen
(Resia)
Giern
Spin
Greinhof
Kaschon
St. Maria
Froia
Pitz
Spiner Wald
Klopair
Arluiwiesen
Solgkreuz
Pitzer Bach
1500
1505
1515
1513
1605
1640
1600
1800
1960
2000
2025
2200
2400
2525
40
4
5
6

3 Hotel Dreiländerblick 5,4 km 1.450 m

Eine Rechtskurve und noch vor dem Zollamt eine Linkskurve ⤳ über einen Parkplatz, kurz auf die Staatsstraße.

Tipp: Achtung hier herrscht ein starkes Verkehrsaufkommen.

Gleich wieder links auf den Parkplatz ⤳ am ersten Gebäude auf der italienischen Seite (Aufschrift „Restaurant, Zigaretten") links vorbei ⤳ Überquerung der Staatsstraße ⤳ zuerst parallel zu dieser, dann in einem Bogen über Wiesen leicht ansteigend weiter ⤳ in leichtem Gefälle bei einem Gatter nach Reschen hinein ⤳ beim ersten Hof vorbei in eine Links-Rechtskurve ⤳ auf den Reschensee zu ⤳ am See entlang, an einer Lifttalstation vorbei ⤳ steil ansteigend durch 2 Kehren ⤳ in der nächsten Rechtskehre (Beschilderung Rojental) gerade weiter ⤳ eben bis leicht fallend durch dichten Wald weiter ⤳ zwischen Häusern in spitzem Winkel nach links unten zum Staudamm abzweigen.

4 Staudamm 14,9 km 1.502 m

Den Staudamm überqueren ⤳ noch vor der Staatsstraße nach links abbiegen ⤳ parallel zur Hauptstraße in 30 m Abstand ohne Verkehr auf dem asphaltierten Radweg weiter ⤳ außen an den Lawinengalerien vorbei, später geschottert ⤳ direkt am Seeufer entlang ⤳ Bachüberquerung, gleich danach bei einer Linksabzweigung gerade weiter ⤳ nach der nächsten Brücke nach links ⤳ kurzes Asphaltstück.

5 Parkplatz bei dem versunkenen Kirchturm 19,6 km 1.500 m

Tipp: Hier Achtung auf die vielen fotografierenden Touristen.

Immer zwischen Hauptstraße und See, zwischen den geschotterten und asphaltierten Abschnitten wechselnd weiter bis zu einem Rastplatz vor Reschen.

6 Reschen 22,0 km 1.510 m

Ab hier wieder Autoverkehr ⤳ beim Friedhof nach rechts abbiegen (ab jetzt immer den Schildern der Via Claudia Augusta folgen) entlang des asphaltierten Radwegs durch Wiesen, später unmittelbar neben der Staatsstraße ⤳ diese überqueren ⤳ hinter den Gebäuden weiter ⤳ rechtshaltend über den Parkplatz vor dem Zollamt.

3 Hotel Dreiländerblick 25,4 km 1.450 m

Links vom Gasthof beginnt der österreichische Teil des Radwegs ⤳ auf diesem zurück zum Ausgangspunkt Nauders.

1 Nauders 30,8 km 1.394 m

Tour 47 — LEICHT+

Zur Grauner Alm

12,9 km **790 m**

Start: Reschen
Ziel: Grauner Alm
Wegstrecke: Reschen – Klopair – Graun – Grauner Alm
Wegbeschaffenheit: Asphalt 10%, Schotter 82%, Trails 8%
Anfahrt/Parkplatz: Reschen
Kombitipp: Anbindung an die Touren 46 und 48.

Relativ kurze Streckentour, die von Reschen aus bis zu einer Alm führt.

1 Reschen 0 km 1.513 m

Am Ortsanfang von Reschen, vom Reschenpass aus gesehen, die Abzweigung nach rechts Richtung Rojental bzw. Froi nicht beachten ~ bei der Carabinieri-Kaserne links abbiegen und dem Weg bergauf zur Etschquelle folgen ~ beim Kreuz links abbiegen ~ 200 m danach im spitzen Winkel rechts abbiegen ~ an der Etschquelle vorbei und der Forststraße weiter bergauf folgen ~ nach einer scharfen Linkskurve weiter steil bergauf ~ kurz darauf folgt eine scharfe Rechtskurve ~ bei der nächsten Kreuzung den Weg links Richtung Plamort nicht beachten und geradeaus weiter ~ nach einem kurzen Downhill links in einen Traktorweg abbiegen und die beiden rechts abzweigenden Wege nicht beachten ~ danach folgt ein steilerer Abschnitt ~ schließlich nimmt die Steigung wieder ab ~ kurzer Downhill ~ die Forststraße endet und geht in einen Wanderpfad über ~ kurze Schiebestrecke bis zur Klopai ~ durch eine Scheune und den Bauernhof überqueren.

2 Klopair 2,5 km 1.644 m

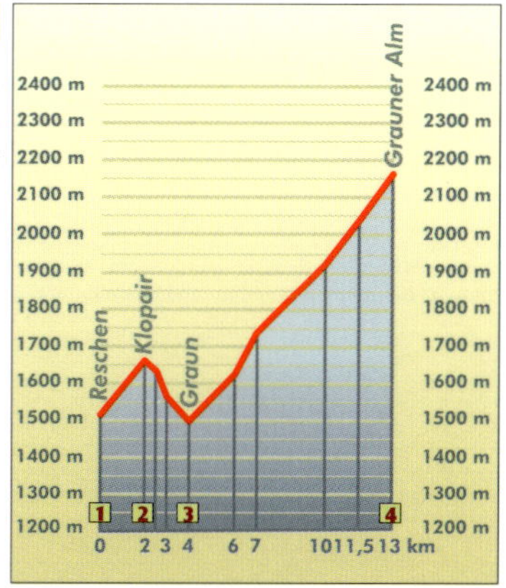

Danach ein kurzes Stück auf einer Schotterstraße ~ anschließender Downhill auf Asphalt ~ einen Weiderost überqueren ~ rechts bergab und nach 400 m, vor Arlund, links in einen Forstweg abbiegen, weiter bergauf ~ bei der folgenden Weggabelung wechselt der Weg in einen Waldpfad über ~ zwischen

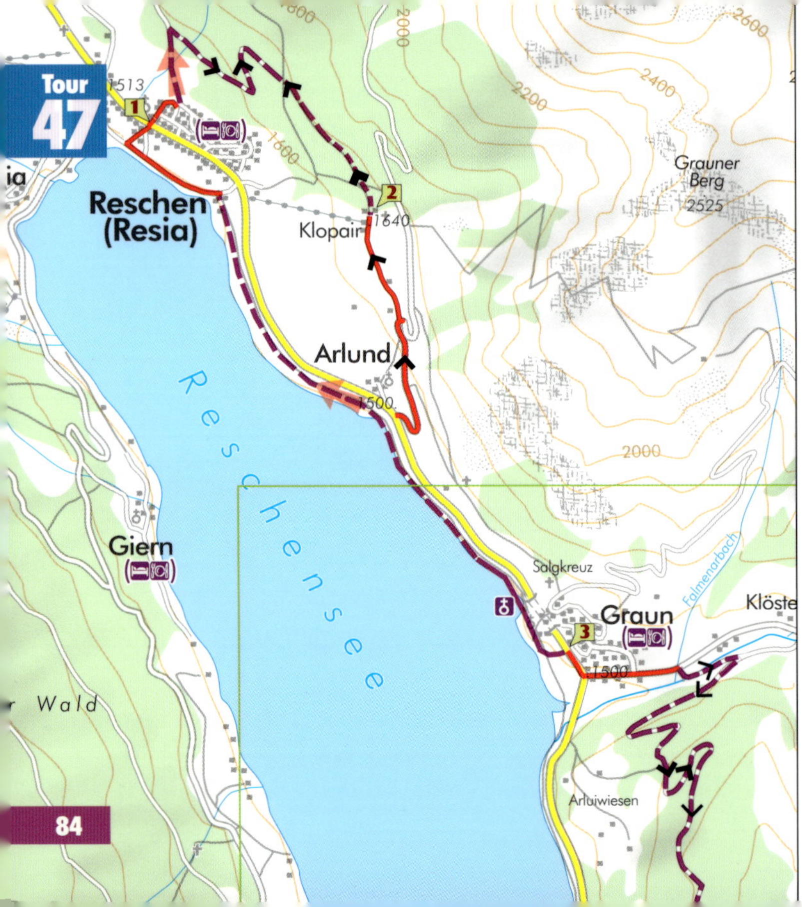

Felsbrocken hindurch ~ nach 100 m ein Kreuz ~ dem Pfad in gleicher Höhe folgen ~ nach weiteren 500 m kurze Schiebestrecke bergauf ~ am Ende des Pfades durch ein Drehkreuz ~ auf einem Schotterweg bergab ~ Wechsel auf Asphalt.

3 Graun 4,4 km 1.501 m

PLZ: 39020; Vorwahl: 0473

Tourismusbüro Vinschgauer Oberland, ✆ 634603 (St. Valentin) o. ✆ 633101 (Reschen)

Kirchturm Alt-Graun, im Jahr 1950 verschwand ein Dorf in den Fluten des Stausees, einziges Relikt ist der vielfotografierte Kirchturm, der zur Hälfte noch aus dem Wasser herausragt.

Museum Vintschgauer Oberland, Fotodokumentation zur Seestauung am Reschen, Untergang und Wiederaufbau der Dörfer, sakrale Gegenstände und Figuren.

Taxi- und Busdienst, Obervinschgau Reisen R. Matzoll, Hauptstr. 52, ✆633494 o. ✆335/6588855

Scharfe Linkskehre und danach gleich rechts zur Kirche abbiegen ~ an der Kirche links vorbei ~ bei der folgenden Weggabelung links bergab ~ an der Straßenkreuzung mit Ampel links abbiegen ~ auf der Hauptstraße Richtung Ravina di sotto, auf einer ebenen Asphaltstraße ~ nach 300 m rechts über eine Brücke abbiegen, Richtung Grauner Alm, leicht steigende Schotterstraße ~ bei km

5,3 eine scharfe Rechtskurve, dem Wegweiser Richtung Grauner Alm folgen ~ kurz nach der Kurve gerade weiter, den Weg nach links nicht beachten ~ km 6,2 eine scharfe Linkskurve, steil bergauf weiter ~ bei km 7,0 eine scharfe Linkskurve, den Weg geradeaus nicht benützen ~ nach 300 m eine scharfe Rechtskurve, nur mehr leicht bergauf, Weg geradeaus nicht beachten ~ bei km 8,1 eine Weggabelung, auf dem linken, leicht steigendem Weg weiter ~ bei km 8,8 wird der Weg eben ~ bei km 9,4 steigt der Weg wieder leicht an ~ bei km 10,1 eine scharfe Rechtskurve, ein Bildstock auf linker Seite, der Weg steigt stark an ~ bei km 11,2 wird der Weg wieder eben ~ 200 m danach folgt eine starke Steigung ~ bei km 11,5 eine Bachquerung auf einer Holzbrücke ~ 100 m danach folgt eine scharfe Rechtskurve, den Wanderweg nach links oben nicht beachten ~ bei km 12,0 eine scharfe Linkskurve, weiter steil bergauf, den geraden Weg nicht benützen.

4 Grauner Alm 12,9 km 2.160 m

Bei der Grauner Alm ist der Wendpunkt erreicht, von hier aus die gleiche Strecke zurück nach Graun.

Tour 48 **MITTEL+**

Rojenrunde

28,4 km 855 m

Start/Ziel: Reschen
Wegstrecke: Reschen – Arlund – Graun – Kaschon – Mühlhäuser – Rojen – Valierteck – Reschen
Wegbeschaffenheit: Asphalt 64%, Schotter 36%
Anfahrt/Parkplatz: Reschen
Hinweis: Rundtour im Uhrzeigersinn
Kombitipp: Anbindung an die Touren 45, 46 und 47.

Die Rundtour verläuft zunächst eben am Reschensee entlang, geht aber danach in eine anstrengende Steigung über. Den Rest der Strecke bildet eine rasante Abfahrt auf einer guten Asphaltstraße zurück nach Reschen. Die Tour stellt an die Fahrtechnik keine, jedoch an die Kondition etwas höhere Anforderungen.

Reschen (Resia)
1513
Froia
Valierteck
1750
Falmiurbach
Faltelangbach
Pitzer Bach
Pitz
Klopair
1640
Arlund
1500
Reschensee (Lag
Gierner Wald
1810
Giern
Hohenegger
Rojenbach
Salgkreuz
Graun
Klöster
Falmenarbach
Schöneben
2100
Spiner Wald
Rojen (Róia)
1965
Schöneberg
Rojen-Schihütte
2025
Arluiwiesen
Potlwiesen
1800
1600
2000
2200
2400
Gra
Berg
2525
1
2
7
8
9

1 Reschen 0 km 1.513 m s. S. 69

Beim Friedhof in Reschen startet die Tour ~ Achtung: auf diesem Streckenabschnitt ist viel Autoverkehr ~ dem See entlang in südliche Richtung bis zu einem Rastplatz fahren ~ immer zwischen Hauptstraße und See, zwischen den geschotterten und asphaltierten Abschnitten wechselnd weiter über Arlund nach St. Anna bzw. Graun im Vinschgau.

2 Parkplatz bei dem versunkenen Kirchturm 2,4 km 1.500 m

Tipp: Achtung auf die vielen fotografierenden Touristen.

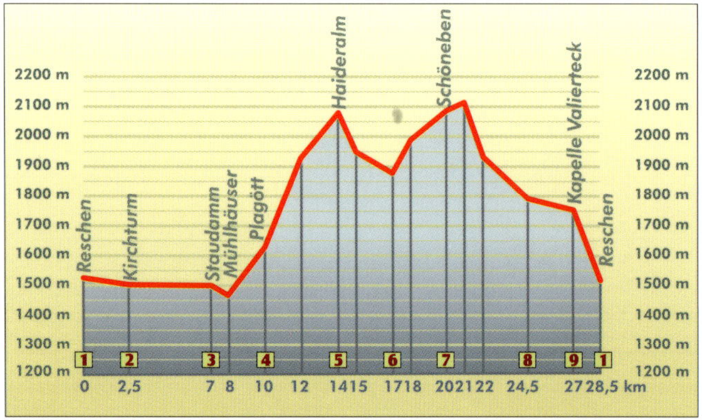

Kurzes Asphaltstück ~ nach der folgenden Brücke rechts ~ Bachüberquerung ~ direkt am Seeufer entlang ~ zunächst geschottert, außen an den Lawinengalerien vorbei ~ parallel zur Hauptstraße in 30 m Abstand ohne Verkehr auf dem asphaltierten Radweg weiter ~ von der Staatsstraße nach rechts Richtung Staudamm abbiegen.

3 Staudamm 7,1 km 1.502 m

Den Staudamm überqueren ~ nach dem Westende des Staudammes, steil bergauf auf einer schmalen Asphaltstraße, Wegweiser Richtung Reschen ~ nach 200 m eine Linkskurve ~ unmittelbar darauf nach links auf die Hauptstraße abbiegen, leicht bergab ~ bei km 8,1 eine Kreuzung, geradeaus dem Radwegweiser Richtung Reschen folgen ~ bei km 8,4 scharf rechts auf eine schmale Asphaltstraße abbiegen, Wegweiser Richtung Plagött, leicht bergauf ~ bei km 8,6 beginnt die Straße stark zu steigen ⤳ geradeaus weiter ⤳ bei km 9,5 über eine Betonbrücke, knapp danach an einem Windrad vorbei.

Tipp: Bei diesem Wegpunkt haben Sie die Möglichkeit einen Abstecher in das nahegelegene St. Valentin zu machen.

St. Valentin

PLZ: 39020; Vorwahl: +39(0)473

Sport Tenne, Landstr. 27, ✆634722

Taxi- und Busdienst, E. Penner, Dorf 3, ✆634667 od. ✆335/5438690

4 Plagött 9,8 km 1.627 m

Rechts am Plagötthof vorbei, geradeaus auf einer steilen Asphaltstraße weiter ⤳ nach 100 m folgt eine scharfe Rechtskurve, Wegweiser Richtung Haideralm, Beginn einer Schotterstraße ⤳ bei km 10,0 ein Holzgatter passieren, steil bergauf, eine Forststraße mit allgemeinem Fahrverbot ⤳ bei km 10,2 unter einer Gondelbahn durch ⤳ 200 m danach eine scharfe Rechtskurve, weiter steil bergauf ⤳ gerade Richtung Haideralm, steil bergauf ⤳ bei km 11,2 eine Rechtskurve, den Wanderweg nach rechts sowie den Traktorweg nach links nicht benützen, weiter steil bergauf ⤳ 300 m danach steigt der Weg nur mehr leicht an ⤳ bei km 12,1 eine scharfe Rechtskurve, 20 m danach Wanderweg nicht benützen, ein Holzkreuz rechts vom Weg ⤳ ein Aussichtspunkt, gerade, leicht steigend weiter,

Richtung Haideralm ~ etwas später wird der Weg eben ~ bei km 12,6 ein Bildstock auf der rechten Seite, der Weg beginnt leicht zu steigen ~ bei km 12,8 eine Weggabelung, links sehr steil bergauf weiter auf grobem Schotterbelag (Schiebestrecke) ~ 400 m darauf folgt eine scharfe Rechtskurve, nur mehr steil bergauf ~ bei km 13,5 erneut unter der Gondelbahn durch, ca. 50 m danach ein sehr steiles Stück.

5 Kreuzung zur Haideralm 13,7 km 2.076 m

An der Kreuzung, auf der rechten Schotterstraße leicht fallend weiter und nicht nach links zur Haideralm ~ 400 m danach beginnt ein starkes Gefälle ⇝ bei km 15,1 wird der Weg eben ⇝ gerade auf einer ebenen Schotterstraße weiter ⇝ bei km 15,8 beginnt der Weg stark zu fallen ⇝ geradeaus weiter ⇝ bei km 16,5 nur mehr leicht bergab und geradeaus weiter.

6 Kreuzung, Beginn Asphaltstraße 16,9 km 1.867 m

Bei der Kreuzung links in die Asphaltstraße abbiegen und weiter steil bergauf Richtung Schöneben ⇝ (km 18,4) nur mehr leicht bergauf ⇝ (km 19,1) die Straße beginnt leicht zu fallen ⇝ 400 m danach folgt eine starke Steigung ⇝ (km 19,9) auf der linken Seite befindet sich die Bergstation Schönebenlift, ab hier nur mehr leichte Steigung.

7 Schihaus Schöneben 20,3 km 2.074 m

Rechts am Schihaus Schöneben vorbei und gerade, auf einer stark fallenden Asphaltstraße weiter ⇝ (km 21,9) eine Schranke passieren, links befindet sich die Talstation von zwei Seilbahnen ⇝ unmittelbar danach folgt eine scharfe Rechtskurve, Bachquerung auf einer Holzbrücke und den Weg nach links nicht benützen ⇝ (km 22,2) an der Nachrangtafel rechts, stark fallend weiter, nach links oben den Weg Richtung Rojen nicht beachten ⇝ 1 km danach nur mehr leichtes Gefälle ⇝ (km 23,7) gerade auf der Hauptstraße weiter ⇝ 200 m danach an der Kreuzung links abbiegen und über eine Betonbrücke Richtung Reschner Alm ab.

Rojen

Bergkirchlein St. Nikolaus, Fresken der Meraner Schule (15. Jh.). Der Schlüssel befindet sich im Gasthof Rojen/Bergkristall.

8 Weggabelung 24,5 km 1.792 m

Bei dieser Weggabelung rechts bergab Richtung Reschen abbiegen ⇝ eine kleine Holzbrücke überqueren ⇝ der Forststraße weiter bergab folgen ⇝ an der folgenden Kreuzung geradeaus weiter und den Abzweig nach links nicht beachten

9 Kapelle Valierteck 27,0 km 1.749 m

Nach einem kurzen, steileren Stück links an Kapelle vorbei ⇝ kurz darauf den rechts abzweigenden Weg nicht beachten ⇝ Beginn des asphaltierten Kreuzwegs ⇝ links abzweigenden Weg zur Reschener Alm nicht beachten ⇝ rechts an einer Hütte vorbei ⇝ rechts an einem Kreuz vorbei und an der Weggabelung rechts weiter Richtung Reschen ⇝ ein kurzes Stück auf einem Fahrradstreifen ⇝ danach links abbiegen und wieder zurück zur Staatsstraße.

1 Reschen 28,4 km 1.513 m

Tourengebiet Pfunds

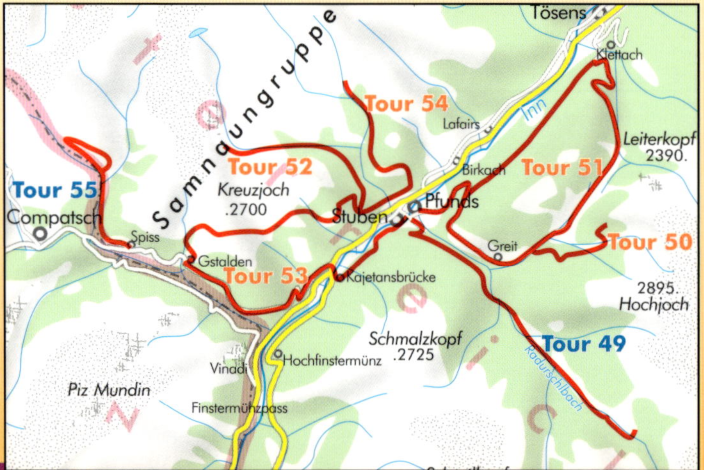

Tour 49 LEICHT

Durchs Radurschltal

22,0 km 840 m

Start/Ziel: Pfunds/Dorf
Wegstrecke: Pfunds – Radurschlalm
Wegbeschaffenheit: Asphalt 6%, Schotter 94%
Anfahrt/Parkplatz: Pfunds/Dorf
Hinweis: Streckentour

Gemütliche Streckentour, die entlang des Radurschlbachs bis zur Radurschlalm führt und technisch so gut wie keine Ansprüche stellt.

1 Pfunds/Dorf
0 km 970 m

PLZ: 6542; Vorwahl: +43(0)5474
Tourismusverband Pfunds-Spiss, Stuben 40, ✆5229, ÖZ: Mo-Fr
Innbrücke mit Turmhaus
Silberbergwerk, Nähe Platzer Alm
Liebfrauen Kirche, Stuben
Peter- und Paul-Kirche, Dorf

Den Ortsteil Pfunds/Dorf rechts vom regulierten Radurschlbach entlang und mit dem Rücken zum Inn verlassen ⇝ danach rechts dem Asphaltweg, der auch als Rodelbahn dient, bergauf folgen ⇝ rechts am Gasthof Bambi vorbei ⇝ 100 m danach beginnt ein Schotterweg ⇝ kurz darauf an der Kreuzung geradeaus weiter ⇝ km 1,2 Abzweig nach rechts nicht beachten ⇝ km 1,5 links an einer Kreuzigungsgruppe vorbei ⇝ rechts abbiegen ⇝ eine kleine Holzbrücke überqueren ⇝ bei km 1,8 eine Schranke passieren ⇝ km 2,1 erneut durch eine Schranke ⇝ km 2,4 links an einem Kreuz vorbei ⇝ gleich danach Abzweig nach rechts nicht beachten ⇝ km 3,2 wieder an einem Kreuz vorbei ⇝ km 3,9 eine Schranke passieren ⇝ danach folgt ein Flachstück ⇝ km 4,5 an der Kreuzung den gelben Schildern geradeaus folgen ⇝ unmittelbar

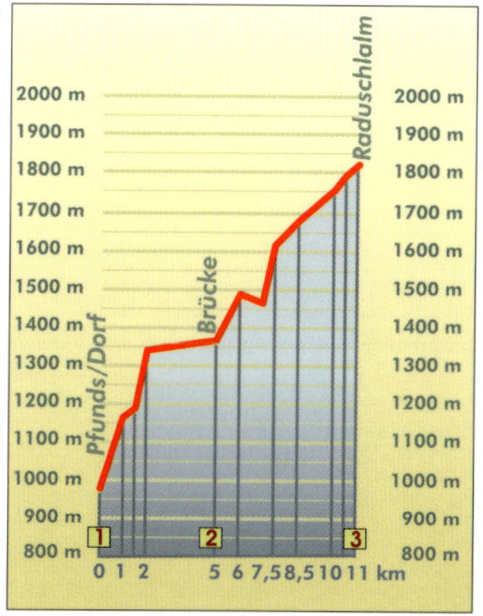

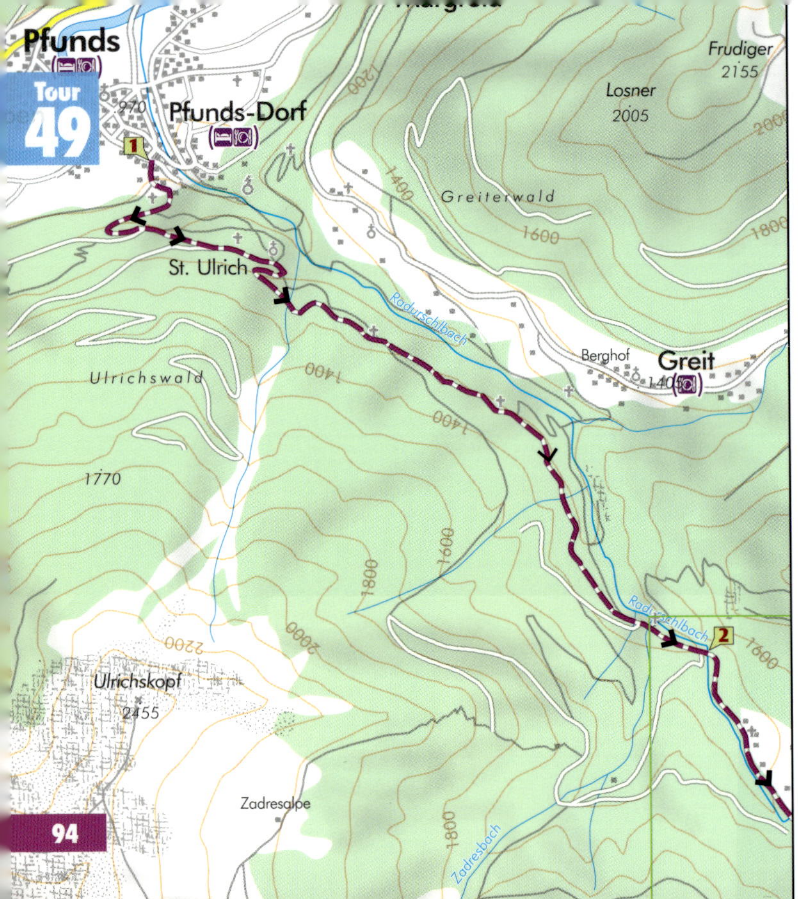

danach eine kleine Brücke überqueren ~ rechts an einem Kreuz vorbei.

2 Brücke 4,9 km 1.360 m

Über eine Brücke fahren und gleich darauf durch ein Gatter ~ links an einer alten Brücke vorbei ~ (km 5,9) eine Brücke überqueren ~ (km 6,9) erneut über eine Brücke ~ den daran anschließenden Parkplatz überqueren ~ ein Gatter passieren

~ an der Weggabelung bei km 7,4 links weiter Richtung Hohenzollernhaus ~ (km 7,5) links an einer Jagdhütte vorbei und den Wegweisern Richtung Radurschlalm etc. folgen ~ (km 8,5) den rechts abzweigenden Weg mit einer Schranke nicht beachten ~ (km 9,1) links abbiegen ~ (km 9,7) durch einen Elektrowippzaun ~ (km 10,6) bei einer Weggabelung links weiter ~ kurz danach über eine Brücke ~ bei der Radurschlalm ist der Endpunkt der Tour erreicht.

3	**Radurschlalm 11,0 km** 1.810 m

Hier beginnt ein mäßiger Downhill zurück zum Ausgangspunkt in Pfunds/Dorf.

2	**Brücke 17,1 km** 1.360 m
1	**Pfunds/Dorf 22,0 km** 970 m

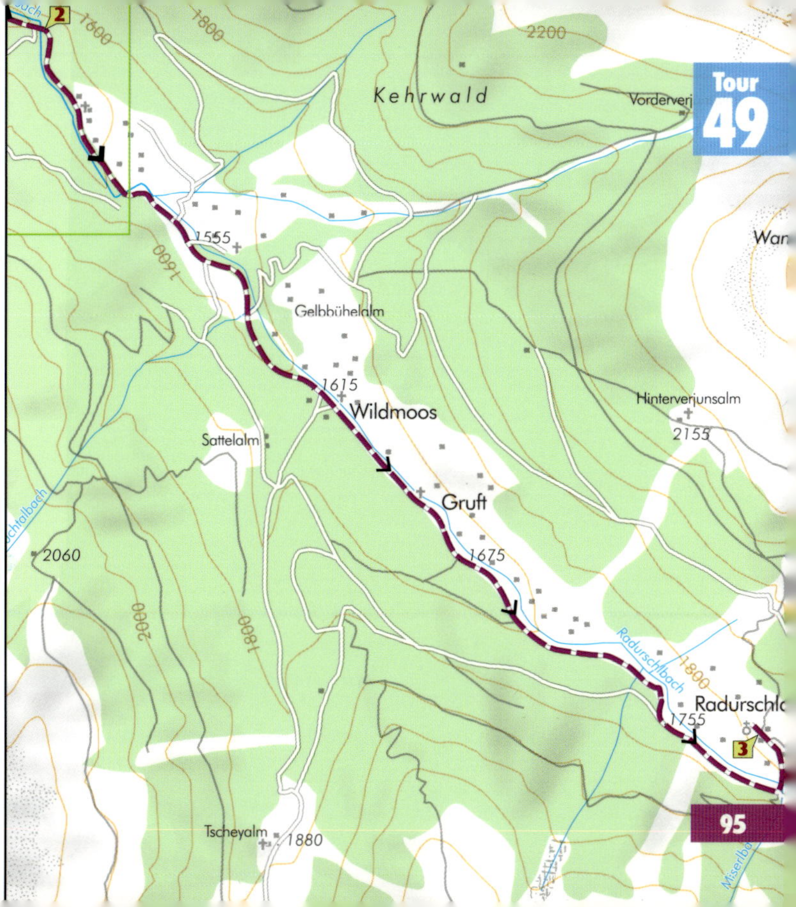

Tour 50 MITTEL

Zur Gschneier Alm

22,2 km 1.072 m

Start/Ziel: Pfunds/Dorf
Wegstrecke: Pfunds/Dorf – Margreid – Greit – Gschneier Alm
Wegbeschaffenheit: Asphalt 61%, Schotter 39%
Anfahrt/Parkplatz: Pfunds/Dorf
Hinweis: Streckentour

Wendepunktstrecke, die an die Kondition hohe, jedoch an die Fahrtechnik nur geringe Anforderungen stellt.

1 Pfunds/Dorf 0,0 km 970 m s. S. 95

Start in Pfunds/Dorf beim Kreisverkehr, Richtung Gasthof Berghof, auf einer ebenen Asphaltstraße ⤳ bei km 1,2, leicht bergauf ⤳ bei km 1,7, geradeaus, steil bergauf ⤳ bei km 1,8 scharfe Rechtskurve ⤳ bei km 2,4, gerade weiter auf der Asphaltstraße Richtung Greit ⤳ bei km 4,9, Greit, auf der asphaltierten Hauptstraße weiter steil bergauf, Richtung Pfundser Tschey.

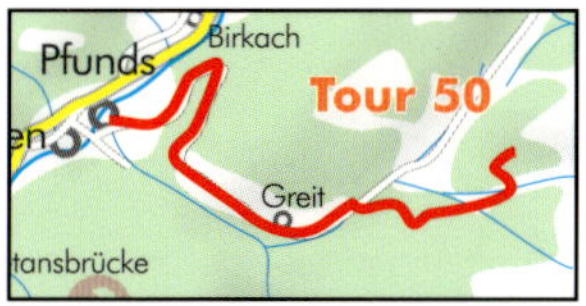

2 Kreuzung 6,8 km 1.540 m

Nach rechts auf eine Schotterstraße abbiegen, Richtung Gschneier Alm, Lahnkopf, die Asphaltstraße geradeaus nicht benützen ⤳ bei km 6,9, Gatter, geradeaus leicht bergauf weiter, Kreuz auf linker Seite, Weg nach rechts nicht benützen ⤳ bei km 7,1, Weg beginnt stark zu steigen ⤳ bei km 7,2, geradeaus weiter, unter Hochspannungsleitung durch ⤳ bei km 7,6, leichte Rechtskurve, Weg nach links nicht benützen ⤳ bei km 8,0, scharfe Linkskurve, Richtung Gschneier Alm, Lahnkopf, steil bergauf, Weg geradeaus nicht benützen ⤳ bei km 8,9, Gatter ⤳ bei km 9,0, Bachquerung ⤳ bei km 9,1, gerade, steil bergauf weiter, Richtung

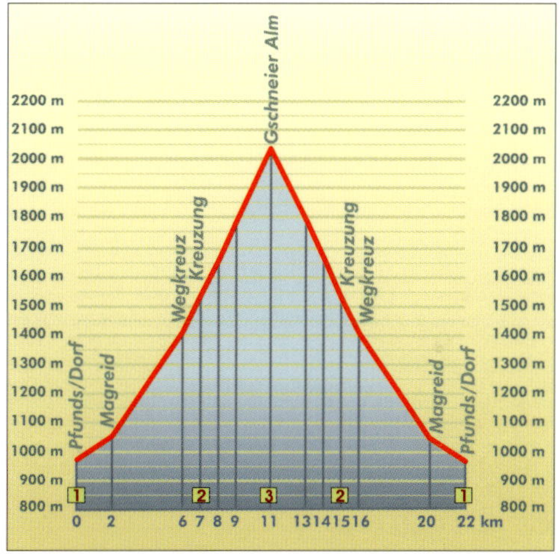

Gschneier Alm, Lahnkopf, Weg nach links unten **nicht** benützen ⁓ bei km 9,6, Bachquerung, weiterhin steil bergauf ⁓ bei km 9,7, Gatter, Tafel Gschneierweg ÖBF; allgemeines Fahrverbot, steil bergauf.

3	**Gschneier Alm 11,1 km** 2.042 m

Bei der Alm ist der Wendepunkt erreicht ⁓ die gleiche Strecke retour nach Pfunds/Dorf.

4	**Kreuzung 15,4 km** 1.540 m
1	**Pfunds/Dorf 22,2 km** 970 m

Tour 50
Wiesenfleck
985
1350
2135
1725
B 315
Wand
Ochsenbühel
Margreider
Wald
Frudigerkopf
2150
Frudigeralm
Margreid
Pfunds
1
970
-Stuben
Pfunds-Dorf
Frudiger
2155
Losner
2005
Tschey
Lahnk
Pfundser Tscheybach
Gschneieralm
3
2040
Greiterwald
1585
Gschneierbach
St. Ulrich
2
Greiter Säge
Radurschlbach
Berghof
Greit
1405
Riedwaldbach
Ulrichswald
Riedwald
1770
Rauhkopf
2365

Tour 51 MITTEL

Rund um den Frudiger

24,2 km 1.022 m

Start/Ziel: Pfunds/Dorf
Wegstrecke: Pfunds/Dorf – Margreid – Eggele – Ganden – Grubach – Pfundser Tschey – Tscheylücke – Pfunds/Dorf
Wegbeschaffenheit: Asphalt 40%, Schotter 60%
Anfahrt/Parkplatz: Pfunds/Dorf
Hinweis: Rundtour im Uhrzeigersinn
Kombitipp: Bei km 17,4 nach der Pfundser Tschey besteht die Möglichkeit links abzubiegen, um einen Abstecher zur Gschneier Alm zu machen (+4,3 km). Den genauen Routentext zu dieser Variante finden Sie unter den Wegpunkten 2-3 der Tour 50.

Abwechslungsreiche Rundtour, die teilweise hohe Anforderungen an die Kondition, jedoch keine an die Fahrtechnik stellt.

1 Pfunds/Dorf 0,0 km 970 m

Start in Pfunds/Dorf beim Kreisverkehr, Richtung Gasthof Berghof, auf einer ebenen Asphaltstraße ~ bei km 1,2 leicht bergauf ~ bei km 1,7 geradeaus, steil bergauf ~ bei km 1,8 eine scharfe Rechtskurve ~ bei km 2,4 nach links auf die Schotterstraße abbiegen, steil bergauf Richtung Waldweg Tschey ~ bei km 2,7 gerade, leicht steigend weiter, Richtung Eggele, den Weg nach rechts Richtung Waldweg Tschey nicht benützen ~ bei km 3,2 starke Steigung ~ bei km 3,3 Bachquerung ~ bei km 3,8 eine scharfe Rechtskurve ~ bei km 4,5 geradeaus, steil bergauf weiter, den Weg nach rechts oben nicht benüt-

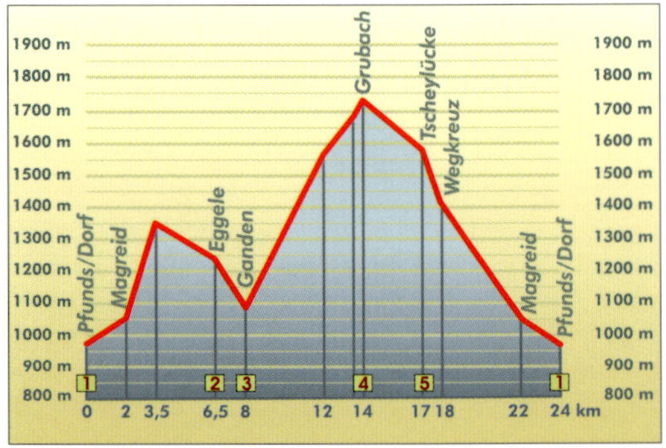

zen ⤳ bei km 5,3 leicht bergab ⤳ 5,6 Bachquerung auf einer Holzbrücke, eben weiter ⤳ bei km 6,0 ein eisernes, grünes Tor, schwer zu öffnen, Rad drüberheben ⤳ (6,1 km) eisernes Tor, kurz danach folgt eine Bachquerung auf einer Holzbrücke ⤳ (6,3 km) geradeaus weiter, den Weg nach links unten nicht benützen.

2 Eggele 6,5 km 1.240 m

Gerade, leicht fallend weiter, den Weg nach links unten Richtung Eggele nicht benützen ⤳ (6,9 km) starkes Gefälle ⤳ bei km 7,2 und 7,6 eine Bachquerung auf einer Betonbrücke.

3 Ganden 8,1 km 1.080 m

Weggabelung, nach rechts, steil bergauf weiter, Richtung Kesselwald Tschey, Platzalm, Frudiger, den linken Weg Richtung Ganden nicht benützen ⤳ (8,8 km) eine scharfe Rechtskurve, geraden, fallenden Weg nicht benützen, ab hier auf einer Forststraße weiter, allgemeines Fahrverbot ⤳ (9,9 km) ein Weidezaun ⤳ (10,0 km) eine scharfe Linkskurve, dem Wegweiser Richtung Platzalm, Frudiger, Tschey Kälberhütte folgen ⤳ (10,4 km) geradeaus, steil bergauf weiter, die Wege nach links und rechts nicht benützen ⤳ (10,9 km) gerade, steil bergauf weiter ⤳ bei km 11,7 eine leichte Linkskurve,

danach ein Wegweiser Richtung Platzalm, Frudiger, Tschey Kälberhütte, den Weg nach rechts nicht benützen ⤳ (11,9 km) leicht bergauf ⤳ (12,9 km) ein eisernes Tor, Jagdhütte auf linker Seite, geradeaus auf einer ebenen Schotterstraße weiter Richtung Tschey, Frudiger, Platzalm ⤳ (13,0 km) der Weg steigt wieder leicht ⤳ (13,5 km) ein eisernes Tor, geradeaus weiter Richtung Platzalm, den Weg nach rechts oben Richtung

Tour
51
Mariastein
Eggelehütte
Sonnberg
2020
Mozk
Lafairs
965
Birkach
985
Wiesenfleck
B 315
Platzbach
2135
1350
1725
4
Ochsenbühel
Margreider
Wald
Frudigerkopf
2150
Frudigeralm
Margreid
Pfunds
Pfunds-Dorf
970
1
Frudiger
2155
Losner
2005
Tschey
Lahnkopf
2470
Pfundser Tscheybach
Gschneieralm
2040
Greiterwald
1585
5
Gschneierbach
St. Ulrich
Radurschlbach
Berghof
Greit
1405
Greiter Säge
Riedwaldbach
Ulrichswald
Riedwald

Frudiger nicht benützen ~ (13,6 km) ein Kreuz auf der linken Wegseite, anschließend links und rechts mehrere Almhütten, leicht bergab.

4 Grubach 13,8 km 1.723 m

In Grubach, gerade leicht bergauf weiter ~ bei km 14,3 gerade, leicht bergab weiter, Beginn der Pfundser Tschey, eine Alm mit sehr vielen Hütten links und rechts vom Weg ~ 15,7 ein Kreuz auf der linken Seite.

5 Tscheylücke 16,8 km 1.587 m

Tscheylücke, auf linker, asphaltierter Straße leicht fallend weiter, Weg geradeaus und nach rechts nicht benützen ~ bei km 17,4 gerade, auf der Hauptstraße immer bergab bis Pfunds weiter, den Weg nach links zur Gschneier Alm nicht benützen ~ bei km 21,8 von hier auf der gleichen Strecke zurück nach Pfunds/Dorf.

1 Pfunds/Dorf 24,2 km 970 m s. S. 95

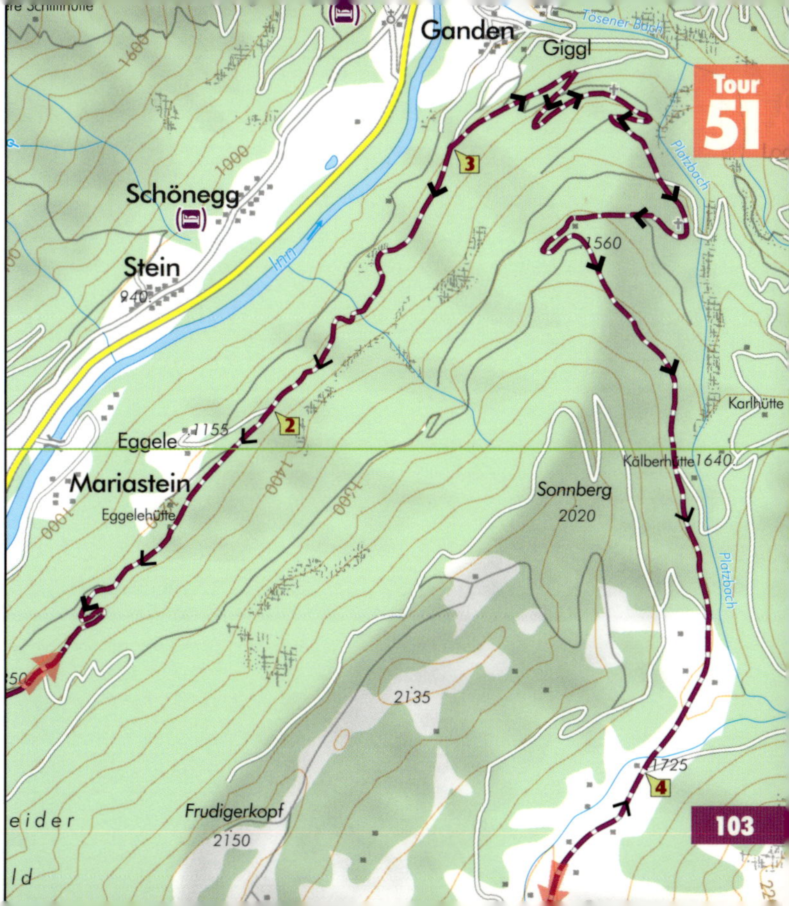

Tour 52 **MITTEL**

Zur Ochsenberg Alm

17,8 km 1.051 m

Start/Ziel: Pfunds/Stuben
Wegstrecke: Pfunds – Vorderkobl – Ochsenberg Alm
Wegbeschaffenheit: Asphalt 22%, Schotter 78%
Anfahrt/Parkplatz: Pfunds/Stuben
Hinweis: Streckentour

Kurze Streckentour, die jedoch konditionell nicht zu unterschätzen ist, da auf relativ kurzen Teilabschnitten einige Höhenmeter zu überwinden sind.

1 Pfunds/Stuben 0 km 970 m

Im Pfundser Ortsteil Stuben von der Bundesstraße 315 vor der Brücke links abbiegen ~ mit dem Rücken zum Inn geradeaus weiter links dem Stubnerbach entlang bis zur Kreuzung vor dem Klettergarten ~ dort links abbiegen und der Asphaltstraße bergauf folgen.

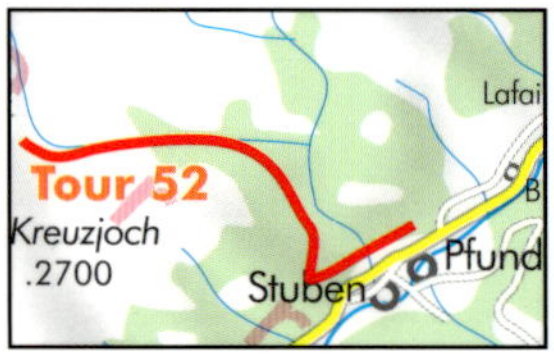

2 Gasthof Alpenrose 2,1 km 1.240 m

Kurz vor dem Gasthof Alpenrose rechts auf den Schotterweg abbiegen und dem Wegweiser zur Pfundser Ochsenberg Alm folgen ~ den links abzweigenden Weg ignorieren und geradeaus bergauf weiter ~ bei km 3,9 durch einen kurzen Felstunnel ~ es folgt ein kurzes Flachstück ~ bald darauf steigt die Tour wieder ~ rechts an einem Kreuz vorbei ~ ein Gatter passieren ~ rechts an einer Tränke vorbei ~ links an einer kleiner Hütte vorbei ~ den links abbiegenden Wanderpfad nicht beachten ~ ein Rinnsal überqueren ~ durch ein Gatter ~ bei der Pfundser Ochsenberg Alm ist der Endpunkt der Tour erreicht.

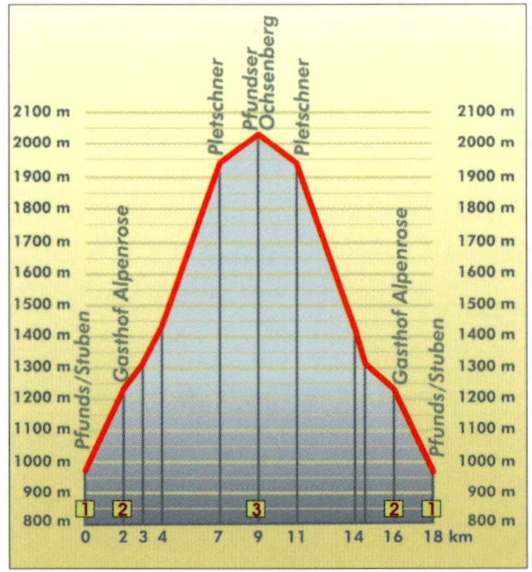

Weiße Wand
Hoher Kopf
2440
Praiskopf
2370
Gmairertal
Pfundser Ochsenbergalm
2020
Stubental
Prais
1580
Perflkopf
Stubnerbach
Wander Wald
1365
Wand
Ochsenbühel
Steinkar
Hahntennenberg
2255
Rotspitze
2670
Kreuzjoch
2700
Kobler Berg
2075
Kobler Wald
Pfunds
Pfunds-Stuben
970
Vorderkobl
Inn
Bocksteinbach
Vorderrauth
Valatscherkopf
St. Ulrich

3	**Pfundser Ochsenberg Alm**	**8,9 km**	2.021 m

Von hier aus dieselbe Strecke zum Ausgangspunkt in Pfunds/Stuben zurückfahren.

2	**Gasthof Alpenrose**	**15,7 km**	1.240 m
1	**Pfunds/Stuben**	**17,8 km**	970 m

Tour 53 — MITTEL

Kobler Alm Runde

22,4 km 980 m

Start/Ziel: Pfunds/Stuben
Wegstrecke: Pfunds – Kobler Alm – Noggels – Zollamt – Pfunds
Wegbeschaffenheit: Asphalt 63%, Schotter 37%
Anfahrt/Parkplatz: Pfunds/Stuben
Hinweis: Rundtour, gegen den Uhrzeigersinn
Kombitipp: Diese Tour kann auch von Spiss aus gefahren werden (+5,1 km). Davon unabhängig kann auch bei km 2,1 ein Abstecher zur Ochsenberg Alm (+6,8 km) unternommen werden. Den genauen Routentext zu dieser Variante finden Sie unter Tour 52 in dieser Region.

Aus konditioneller Sicht bereits eine eher anspruchsvollere Rundtour, die zunächst durch den Kobler Schutzwald führt, anschließend rund

Tour 53
Rotspitze
2670
Kreuzjoch
2700
Kobler Berg
2075
Kobler Wald
Pfunds
Pfunds-Stuben
Vorderkobl
Vorderrauth
Valatscherkopf
Kobleralm
1920
Hinterkobl
Rauher Kopf
2050
Noggler Wald
Noggels
Hinterrauth
Zollamt
990
Kajetansbrücke
Inn
Bocksteinbach
Kobler Bach
Arpatscheybach
Ulrichswald
1770
1485
Arpatscheywände
Ulrichskopf
Tschingls
1045
Tschingelsbach
Schergenbach
1715
St. Ulr

um den Rauhen Kopf verläuft und schließlich am Inn entlang nach Pfunds zurückkehrt.

1 Pfunds/Stuben 0 km 970 m

Im Pfundser Ortsteil Stuben von der Bundesstraße 315 vor der Brücke links abbiegen ~ mit dem Rücken zum Inn geradeaus weiter links vom Stubnerbach entlang bis zur Kreuzung vor dem Klettergarten ~ dort links abbiegen und der Asphaltstraße bergauf folgen ~ bei km 2,1 rechts am Gasthof Alpenrose vorbei ~ nach Vorderkobl eine Schranke passieren ~ durch den halboffenen Tunnel fahren ~ rechts an einer Kapelle vorbei und dem Schild Richtung Kobler Alm folgen ~ kurz darauf beginnt eine Schotterstraße ~ ein Gatter passieren ~ bei der darauffolgenden Kreuzung dem gelben Schild zur Kobler Alm geradeaus folgen ~ nach der Sandgrube in eine Rechtskurve einbiegen ~ links an der Kobler Alm vorbei und eine Schranke passieren.

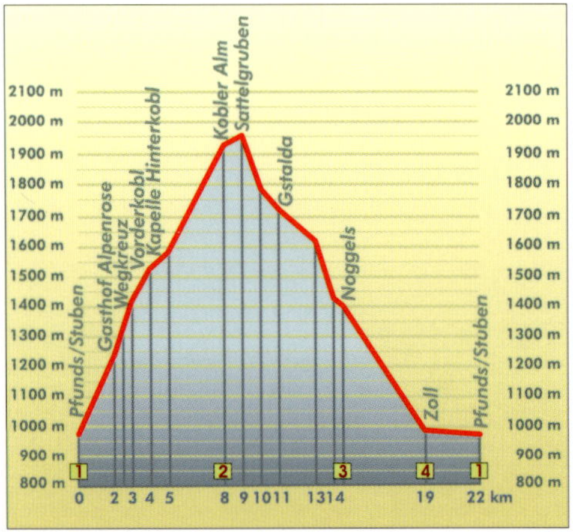

2 Kobler Alm 8,5 km 1.921 m

Durch ein Gatter und dem gelben Pfeil folgen ~ den links abzweigenden Wanderweg nicht beachten ~ ein Gatter passieren ~ bei der folgenden Weggabelung links halten ~ erneut durch ein Gatter ~ links an einer windschiefen Hütte vorbei ~ durch eine Viehsperre ~ Asphaltstrecke beginnt ~ links an einer Kapelle vorbei und durch Gstalda fahren ~ rechts an einem Kreuz vorbei ~ danach beim blau/gelb/blauen Schild links abbiegen ~ der Hauptstraße bergab Richtung Pfunds folgen.

3 Noggels 14,8 km 1.399 m

Rechts am Nogglerhof vorbei ~ weiter bergab Richtung Pfunds ~ den Kehren folgen ~ den Kobler Bach überqueren.

4 Zollamt 19,4 km 991 m

Das Zollamt passieren und danach rechts über die Kajetansbrücke Richtung Nauders ~ von der Straße nach Nauders rechts auf den Radweg abzweigen ~ diesem in einem

Rechtsbogen folgen und unter der Brücke hindurch ~ danach immer dem Inn entlang bis nach Pfunds/Dorf.

1 Pfunds/Dorf 22,4 km 970 m

Tour 54 MITTEL

Trainingssprintstrecke Wand

10,4 km 570 m

Start/Ziel: Pfunds/Stuben
Wegstrecke: Pfunds – Wand
Wegbeschaffenheit: Asphalt 13%, Schotter 87%
Anfahrt/Parkplatz: Pfunds/Stuben
Hinweis: Streckentour

Steile Trainingssprintstrecke zum Weiler Wand, mit Weitblick ins schweizerische Engadin und in der Fortsetzung nochmaliger anspruchsvoller Anstieg in den Wanderwald.

1 Pfunds/Stuben 0 km 970 m

Im Pfundser Ortsteil Stuben von der Bundesstraße 315 vor der Brücke links abbiegen ~ mit dem Rücken zum Inn geradeaus weiter links vom Stubnerbach entlang bis zur Kreuzung vor dem Klettergarten ~ dort rechts dem Wegweiser Richtung Wand folgen ~ über eine kleine Brücke ~ bald darauf beginnt ein Schotterweg ~ den Kehren bergauf folgen ~ nach 2,8 km beginnt eine Asphaltstraße mit geringerer Steigung als zuvor ~ bei km 3,0 geradeaus weiter ~ links an einem Haus vorbei ~ danach folgt ein kurzes Flachstück.

2 Wand 3,3 km 1.380 m

Bei km 3,3 links an der Kapelle vorbei ~ bei km 3,5 rechts weiter bergauf ~ bei km 3,7 dem gelben Schild Panoramaweg links zur Forststraße folgen ~ bei km 4,4 den Abzweig nach rechts nicht beachten und unter einer Lastenseilbahn durch ~ bei km 4,7 an der Weggabelung links dem Panoramaweg folgen ~ ab km 5,1 leicht bergab ~ kurz darauf endet der Weg.

3	**Wendepunkt 5,2 km**	1.540 m

Ab hier beginnt der Downhill zurück nach Pfunds/Stuben.

2	**Wand 8,5 km**	1.380 m
1	**Pfunds/Stuben 10,4 km**	970 m

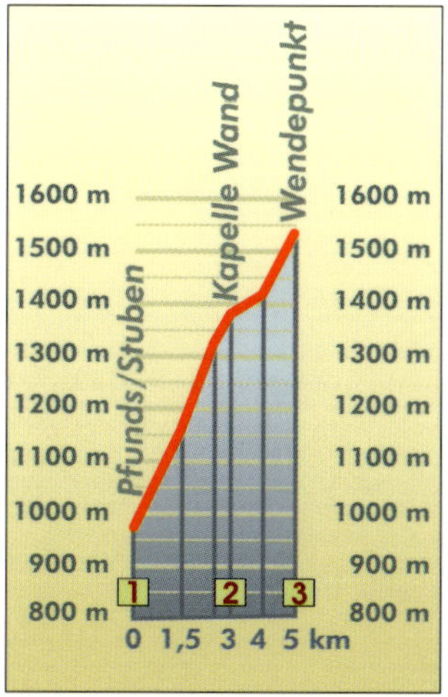

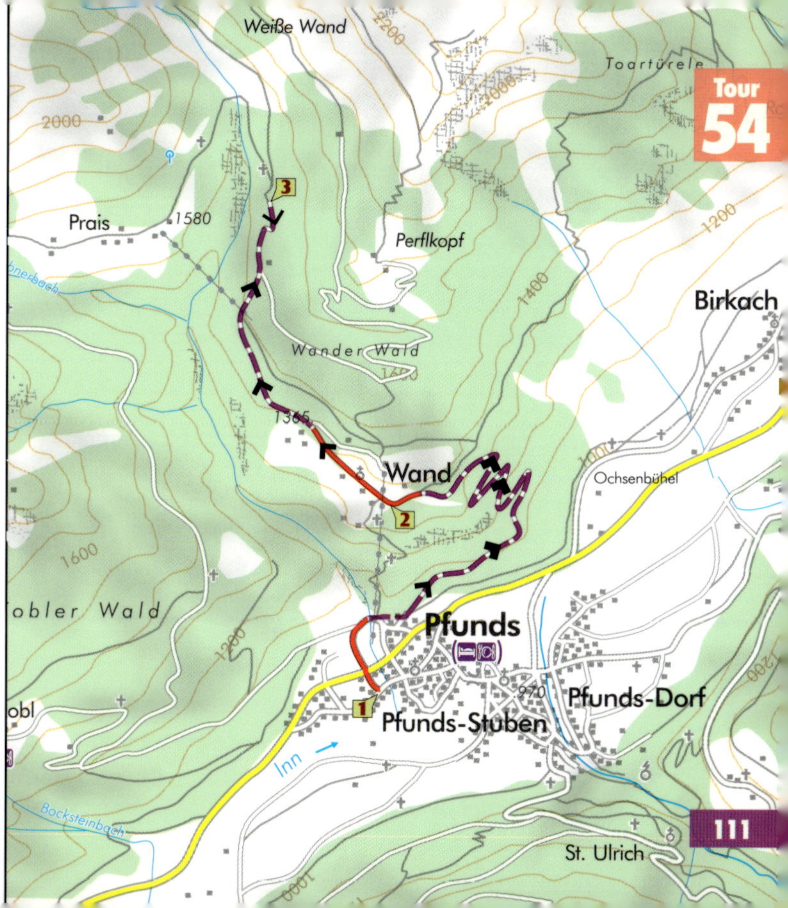

Tour 55 **LEICHT**

Rund um die Zanderswiesen

10,3 km 413 m

Start/Ziel: Spiss
Wegstrecke: Spiss – Zanderswiesen – Spiss
Wegbeschaffenheit: Asphalt 18%, Schotter 82%
Anfahrt/Parkplatz: Spiss
Wegweisung: Gelbe Mountainbikeschilder
Hinweis: Streckentour, die in eine kleine Rundtour, welche im Uhrzeigersinn verläuft, übergeht.

Diese Route ist vor allem für Einsteiger gut geeignet, da nach einem kurzen und relativ flachen Stück, eine nicht allzu anstrengende Steigung folgt. Anschließend führt die Tour noch durch die wunderschöne Blumenlandschaft der Zanderer Bergwiesen.

1 Spiss 0 km 1.627 m

Von Spiss etwa 700 m bis zu dem kleinen Parkplatz vor dem Fichtenhof fahren ~ von dort aus dem Asphaltweg rechts oberhalb des Gasthofs Alpenrose folgen ~ bei km 1,1 rechts an einem Kreuz vorbei ~ kurz danach beginnt ein Schotterweg ~ zunächst nur leicht bergab ~ das Gefälle nimmt langsam zu ~ bei km 2,3 den links abzweigenden Weg nicht beachten und geradeaus weiter ~ rechts an einer kleinen Hütte vorbei ~ bei km 2,6 links eine kleine Brücke Richtung Ochsenhütte, Compatsch überqueren ~ links an einem Kreuz vorbei ~ an der folgenden Weggabelung bei km 2,8 rechts bergauf abbiegen.

2 Kreuzung 3,2 km 1.770 m

Hier links den Schildern Richtung Compatsch bzw. Bödra folgen ~ links an ein paar Heustadeln vorbei ~ gleich danach rechts an einer Brücke vorbei ~ rechts am Malfragbach, der die Grenze zur Schweiz makiert, entlang ~ bei km 4,4 eine scharfe Rechtskurve ~ bei km 5,5 den links abzweigenden Weg nicht beachten ~ bei km 6,7 rechts abbiegen und dem gelben Mountainbikeschild der Spissrunde bergab folgen.

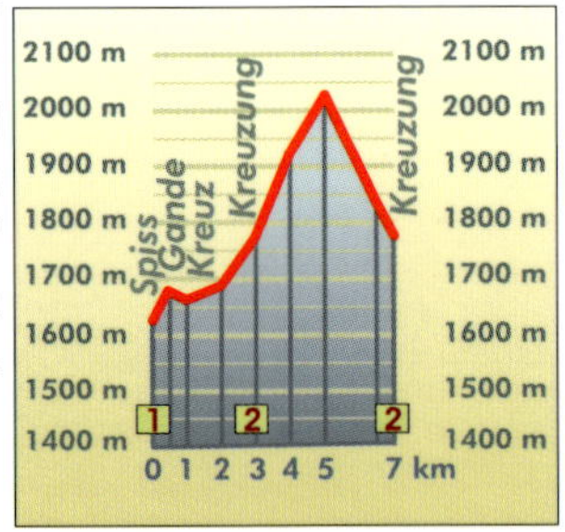

2 Kreuzung 7,1 km 1.770 m

An dieser Stelle links abbiegen und zurück nach Spiss fahren.

1 Spiss 10,3 km 1.627 m

Nauders

PLZ: 6543; Vorwahl: +43(0)5473

- **Tourismusverband Nauders-Reschenpass**, Dr.-Tschiggfrey-Str. 66, ☎ 87220, E-Mail: nauders@reschenpass.info
- **Schloss Naudersberg**, ☎ 87242 oder 87252, ÖZ: Ende Mai-Mitte Okt., So 11 Uhr, Di 16.30 Uhr, Mi 17 Uhr, Fr 16.30 Uhr. Schon seit dem 13./14. Jh. konnte man von dieser Burg aus das ganze Grenztal überblicken. Baulich wurde die Anlage im 15. und 16. Jh. noch weiter ergänzt. Arreste, Gerichtskanzlei, Burgkapelle mit Museum mit Ausstellung: Handwerk und Gewerbe in Nauders.
- **St. Leonhardt Kapelle**, aus dem 12. Jh., besitzt einen romantischen Freskenzyklus.
- **Maria Hilf Kirche** und **Spitalkirche zum Heiligen Geist**
- **Festung Nauders**, aus der österreichisch-ungarischen Monarchie. Ausstellung mit dem Thema: Verkehr über den Reschen. (Militärmuseum)
- **Pfarrkirche St. Valentin**

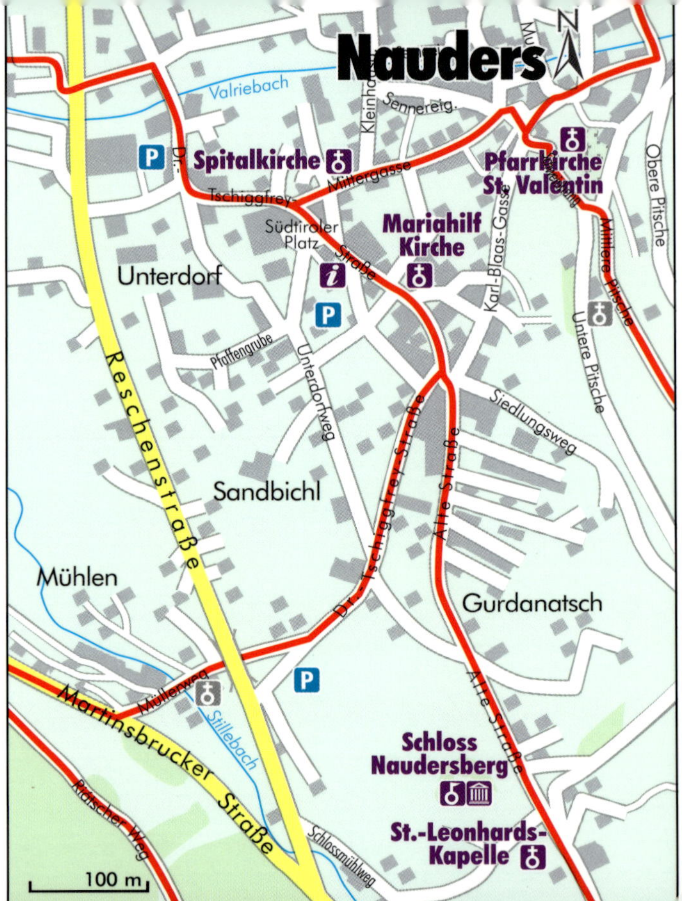

Nauders

Übernachtungsverzeichnis

Im Folgenden sind Hotels (H), Hotel garni (Hg), Gasthöfe (Gh), Pensionen (P), Privatzimmer (Pz), Ferienwohnungen (Fewo), Bauernhöfe (Bh) und Almhütten (Ah) der wichtigsten Orte angeführt. Die Orte sind in alphabetischer Reihenfolge aufgelistet.

In diesem Übernachtungsverzeichnis sind nicht alle Beherbungsbetriebe angeführt, sondern nur diejenigen welche als besonders fahrradfreundliche Betriebe gekennzeichnet sind. Es gibt dabei zwei Kategorien „Der Radfreundliche" – gekennzeichnet mit einem grünen Smiley ☺ und „Der Radprofi" – gekennzeichnet mit einem roten Smiley ☺. Sie erfüllen bestimmte, vorgeschriebene Mindestkriterien wie z. B. bei der Hausausstattung versperrbare Fahrradräume, Trockenräume für Fahrradkleidung, Fahrradwerkstatt. Bestimmte Dienstleistungen, z. B. geführte Radtouren, Hilfestellung bei individueller Tourenplanung, Abholdienst vom nächstgelegenen Bahnhof. Bei der Verpflegung wird ein spezielles Radlerfrühstück und Radlergetränke angeboten.

Das Verzeichnis erhebt keinen Anspruch auf Vollständigkeit und stellt keine Empfehlung der einzelnen Betriebe dar! Die römische Zahl (I-VI) hinter der Telefonnummer gibt die Preisgruppe des betreffenden Betriebes nach folgender Unterteilung an. Diese Preisgruppen lassen nur bedingt Rückschlüsse auf Qualität oder Ausstattung der Betriebe zu.

I	unter € 15,–
II	€ 15,– bis € 23,–
III	€ 23,– bis € 30,–
IV	€ 30,– bis € 35,–
V	€ 35,– bis € 50,–
VI	über € 50,–

Die Angaben beziehen sich auf den Preis pro Person in einem Doppelzimmer mit Dusche oder Bad incl. Frühstück. Bei Betrieben, die Zimmer ohne Bad oder Dusche anbieten, ist dies durch das Symbol 🚿 nach der Preisgruppe angegeben. Bei Ferienwohnungen ist der Preis auf Basis von 2 Personen und Tag.

Die nachstehenden €-Umrechnungskurse dienen zur leichteren Orientierung:

1 €	=	1,553 CHF
1 CHF	=	0,644 €

Da wir das Verzeichnis stets erweitern, sind wir für Anregungen Ihrerseits dankbar. Die Eintragung erfolgt kostenfrei.

Nauders

PLZ: A-6543; Vorwahl: +43(0)5473

i TVB Nauders, Dr. Tschiggfrey Str. 66, ✆ 87220, Fax. 87627, E-Mail: nauders@reschenpass.info, www.nauders.info

☺ **Radprofi:**

H Almhof, Haus Nr. 314, ✆ 87313, V-VI
H Post, Haus Nr. 37, ✆ 872020, V-VI
Hg Via Claudia, Haus Nr. 406, ✆ 87707, II-III
H Arabella, Haus Nr. 355, ✆ 87480, III-IV
H Central, Haus Nr. 196, ✆ 872210, IV-V
H Nauderer Hof, Haus Nr. 160, ✆ 87704; V-VI

P Ploner, Haus Nr. 35, ✆ 872210, IV-V
H/P Alpetta, Haus Nr. 359, ✆ 87573, II-III
Gh Martha, Haus Nr. 296, ✆ 87338, II-III
P Reiterhof, Haus Nr.229, ✆ 87263, II-III
P Arina, Haus Nr.392, ✆ 87765, II

Radfreundlich:

H/P Regina, Haus Nr. 215, ✆ 87259, H V/ P III
H Tirolerhof, Haus Nr. 27, ✆ 86111, V-VI
H Schwarzer Adler, Haus Nr. 33, ✆ 87254, IV-V
H Edelweiß, Haus Nr. 256, ✆ 87252; IV-V
Gh Norbertshöhe, Haus Nr. 223, Martinsbruckerstraße 22, ✆ 87241, III-IV
P Tirol, Haus Nr. 252, ✆ 87247, II-III
P Bergfrieden, Alte Straße 288, ✆ 87278, I-II
P Haus Harmonie, Haus Nr. 222, ✆ 87207, II
Pz Arnika, Haus Nr.335, ✆ 87458, I-II
Pz Brigtte, Oberdorf 433, ✆ 86144, I-II
Fewo Agerer, Vogelhüttenweg 409, ✆ 87520, IV-V
Fewo Almrausch, Haus Nr. 381, ✆ 87554, III-IV
Fewo Alpenblick, Haus Nr. 394, ✆ 87471, IV-V
Fewo Fabienne, Haus Nr. 427, ✆87587 od. 0049/7431/74658, V
Fewo Haus Tiroler Heimat, Haus Nr. 269, ✆ 86111, IV-V
Fewo Munt, Munt 445, ✆ 86234, III-IV
P Collina, Haus Nr. 431, ✆ 87645, II-III
Pz Elisabeth, Haus Nr. 255, ✆ 87681, I-II
Pz Padöller, Haus Nr. 197, ✆ 87245, I-II
Pz Wackernell, Kirchplatz 123, ✆ 86297, I-II
Fewo Klapeer, Haus Nr. 120, ✆ 87341, III-IV
Fewo Bella Vista, Haus Nr. 454, ✆ 86282, IV-V
Fewo Bellevue, Alte Straße 424, ✆ 877940, V-VI
Fewo Blaas, Obergasse 142, ✆ 87630, V-VI
Fewo Padöller, Haus Nr. 416, ✆ 87629 od. 87245, V-VI

Reschen

PLZ: I-39027; Vorwahl: +390473

Radprofi:

Hg Villa Claudia Augusta, Neudorf 5, ✆ 633160, II-IV

Radfreundlich:

Hg Marlene, Hauptstraße 37, ✆ 633123, I-II
Fewo Lechthaler, Neudorf 13, ✆ 633202, III
Bh Giernhof, Graun 61, ✆ 633152, II
H Seehotel, Hauptstraße 19, ✆ 633118, II-V
H Panorama, Neudorf 16, ✆ 633288, II-IV
H Reschnerhof, Hauptstraße 47, ✆ 633169, II
H Edelweiß, Reschen 28, ✆ 633142, II

Graun

PLZ: I-39020; Vorwahl: +390473

Tourismusverein Vinschgauer Oberland, Hauptstr,633101, Fax 634713, E-Mail: reschen@reschenpass.info, www.reschenpass-suedtirol.it

Radprofi:

H Traube Post, Hauptstr. 4, ✆ 633131, II-III

Radfreundlich:

P Goldener Adler, Hauptstr. 2, ✆ 633130, II-III
P Theiner, Langtauferer Str. 47, ✆ 633231, II

Langtaufers

PLZ: I-39020; Vorwahl: +390473

Radfreundlich:

H Langtaufererhof, Kappl 115, ✆ 633551, II-III
P Bergland, Patscheid 69a, ✆ 633309, I-II

St. Valentin

PLZ: I-39020; Vorwahl: +390473

Radfreundlich:

P Mall, Hauptstr. 39, ✆ 634633, I-II
Fewo Residence Ledi, Kirchgasse 21, ✆ 634650, III-IV
Fewo Residence Harmonie, Waldweg 21, ✆ 634694, III-IV
Hg Regina, Kirchweg 6, ✆ 634601, I
Fewo Erika, Hauptstr. 40, ✆ 634630, II
H Fernblick, Landstr. 14, ✆ 634616, II-III
H St.Valentin, Hauptstr. 35, ✆ 634626,II
H Traube, Hauptstr. 27, ✆ 634760, II-III
Gh Alpenrose, Hauptstr. 4, ✆ 634639, II-III
Gh Lamm, Hauptstr. 67, ✆ 634641, II-III

Martina

PLZ: CH-7558; Vorwahl: 081

Tschlin Turissem, ✆ 8663434

Rund ums IJsselmeer
Internationale Dollard-Route
Radatlas Ost-Friesland
Nordseeküsten-Radweg 1
Nordseeküsten-Radweg 2
Nordseeküsten-Radweg 3
Nordseeküsten-Radweg 4
Berlin – Kopenhag
Deutsche Sielroute
Weser-Radweg
Deutsche Fehnroute
100 Schlösser im Münsterland
Lüneburger Heide-Radweg
Limfjord-Route
Radatlas Mecklenburgische Seen
Ostseeküste
Rhein-Radweg 3
Radatlas Vulkaneifel
Leine-Radweg
Ems-Radweg
Elbe-Radweg 2
Elbe-Radweg 1
Berliner Mauer-Radweg
Ostseeküst
Rhein-Radweg 2
Mosel-Radweg
Ruhr-Radweg
Lahntal-Radweg
Fulda-Radweg
Muldental-Radweg
Radatlas Brandenburg 3
Oder-Nei
Rhein-Radweg 1
Saar-Radweg
Saarland-Radweg
Deutsche Burgenstraße
Main-Radweg
Main-Tauber-Fränkischer Rad-Achter
Radatlas Brandenburg 4
Neckar-Radweg
Nahe-Radweg
Deutscher Limes-Radweg
Drei Täler-Radweg
Radatlas Donau-Allgäu
Liebliches Taubertal
Werratal-Radweg
Rennst
Iller-Radweg
Kocher-Jagst-Radweg
Bodensee-Radweg
Donau-Bodensee-Radweg
Iller-Radweg
Radatlas München
Tour de Baroque
Fünf-Fl
Enz-Nagold-Radweg
Lenne-Route
Bodensee-Königssee-Radweg
Europa-Radweg R1
NiederRheinroute
Via Claudia Augusta
Deutscher Limes-Radweg
Schwäbi Alb-Ra

Auszug aus dem *bikeline*-Programm

Fordern Sie kostenlos unser ausführliches Verlagsverzeichnis an.
Verlag Esterbauer, A-3751 Rodingersdorf, Hauptstr. 31
Tel.: 0043/2983/28982-0, Fax: -500,
E-Mail: bikeline@esterbauer.com,

Unser komplettes Programm finden Sie unter: www.esterbauer.com

Ortsindex

Einträge in grüner Schrift beziehen sich auf das Übernachtungsverzeichnis